나는 하나님 앞에서 의로울 수 있을까?

나는 하나님 앞에서 의로울 수 있을까?

초판 1쇄 인쇄 / 2019년 1월 10일
초판 3쇄 발행 / 2025년 1월 20일

지은이 / 손재익
펴낸이 / 신은철
펴낸곳 / 좋은씨앗
출판등록 / 제4-385호(1999. 12. 21)
주소 / 서울시 서초구 바우뫼로 156(MJ 빌딩), 402호
주문전화 / (02)2057-3041 주문팩스 / (02)2057-3042
e-mail / good-seed21@daum.net
www.facebook.com/goodseedbook

ISBN 978-89-5874-411-5 04230
ⓒ 손재익

이 책의 저작권은 저자 및 저자와 독점계약한 도서출판 좋은씨앗에 있습니다.
신저작권법에 의하여 보호를 받는 저작물이므로 무단 전재와 무단 복제를 금합니다.

나는 하나님 앞에서 의로울 수 있을까?

손재익

좋은씨앗

차례

추천의 글 • 6

여는 글 • 8

✳

1. 거룩하신 하나님, 죄 많은 사람 • 15

2. 율법과 행위로는 의로워질 수 없는 사람 • 29

3. 하나님의 의가 되시는 그리스도 • 35

4. 그리스도의 의가 나에게 • 47

5. 오직 믿음으로, 이신칭의 • 57

6. 행위는 필요 없는가? • 71

✳

부록_ 로마 가톨릭(천주교)의 칭의론 • 84

닫는 글 • 92

저자 후기 • 99

칭의론 관련 추천도서 • 101

미주 • 105

추천의 글

'칭의'는 전통적으로 교회가 서기도 하고 넘어지기도 하는 교리입니다. 루터는 이 교리를 우리의 죄가 그리스도에게, 그리스도의 완전한 의가 우리에게 전가되는 "위대한 교환"이라고 불렀고, 칼뱅은 그의 역작 『기독교강요』에서 기독교 신앙을 떠받치는 '요체'라고 불렀습니다. 이 교리가 잘못될 경우 율법주의와 율법폐기론주의, 도덕주의와 방종주의 등 모든 역겨운 오류가 발생할 수 있습니다.

역사적 개혁주의 신앙고백서와 요리문답서 연구에 일가견이 있는 저자는 이 중대한 칭의 교리를 쉽게 설명하고 있습니다. 이 책은 칭의 교리의 입문서로 훌륭합니다. '칭의'는 어느 날 갑자기 하늘에서 뚝 떨어진 교리가 아니라 역사적으로 수

많은 논쟁과 토론을 통해 확립된 전통적 교리입니다. 따라서 신앙고백서와 요리문답서를 중심으로 칭의 교리를 살펴보는 것이 매우 안전하고 유익하기에 독자들에게 이 책을 기쁘게 추천합니다.

신호섭 _올곧은교회 담임목사, 고려신학대학원 겸임교수, 『개혁주의 전가교리』 저자

이 세상을 살다 보면 급하게 처리할 일들이 많지만 '하나님 앞에서 의롭다 인정받는 것'이 그 어떤 일보다 급하고 중요합니다. 그 일이 해결되지 않으면 사실 그 밖의 일들은 크게 의미가 없습니다. 하나님 앞에서 의롭다 인정받는 것을 신학에서는 '칭의'라고 부릅니다.

성실하고 탁월한 저자는 시급하고 중요한 칭의의 본질과 방식, 내용과 과정 등을 간결하고 명확한 필치로 소개합니다. 칭의라는 복잡한 주제를 성경적으로, 신조적으로, 신학적으로, 목회적으로 깔끔하게 잘 풀어 냈습니다. 모든 죄인에게 절실한 칭의 문제를 해결하고픈 열망을 지닌 이들에게 힘주어 일독을 권합니다.

박재은 _총신대학교 신학과 교수, 『칭의, 균형 있게 이해하기』 저자

여는 글
하나님 앞에서

코람데오

코람데오(Coram Deo). 교회에서 한 번쯤은 들어본 적이 있을 것입니다. "하나님 앞에서"라고 번역할 수 있는 이 말은 흔히 "그리스도인은 늘 하나님 앞에 있다는 생각을 품고 살아야 한다"는 뜻으로 사용되는 라틴어입니다. 신전의식(神前意識)이라는 한자어로 표현하기도 합니다.

고려신학대학원(천안) 도서관 앞 잔디밭에 세워진 커다란 돌판에도 이 글귀가 새겨져 있습니다. 교훈(校訓)입니다. 신학생과 교수는 물론 학교를 방문하는 사람들이 이 돌판 앞에서 사진을 찍고, 자신을 돌아보기도 합니다.

그래서인지 많은 그리스도인이 '코람데오'를 삶의 좌우명으로 삼습니다. 새해가 되면 "올해는 정말 늘 하나님 앞에 있다는 생각을 품고 살아야지"라고 다짐을 합니다.

그러나 정작 코람데오란 말이 나오게 된 배경을 제대로 아는 사람은 드뭅니다. 이 말의 앞뒤 맥락을 자른 채 "늘 하나님 앞에 있다는 생각을 품고 살아야 한다"는 뜻이라고만 들어 왔기 때문입니다. 실제 이 말이 처음 사용된 시대적 맥락에서는 그런 의미가 아니었습니다.

코람데오는 종교개혁자로 잘 알려진 마르틴 루터(Martin

고려신학대학원 도서관 앞의 돌판

Luther, 1483-1546년)가 처음 사용한 말입니다. 그는 "죄 많은 사람이 어떻게 하나님 앞에서(Coram Deo) 의롭다고 인정받을 수 있을까?" 하는 고민 속에서 이 말을 했습니다.[1] 지금 우리가 알고 있는 것과는 전혀 다른 맥락에서 나온 말이었습니다.

루터의 고민과 노력

경건한 신자였던 루터에게는 늘 풀리지 않는 고민이 있었습니다. "어떻게 하면 하나님 앞에서 의롭다고 인정받을 수 있을까?" 그는 하나님 보시기에 정말 의로운 사람으로 인정받고 싶었습니다. 그것을 위해서라면 아무리 힘든 일이라도 마다하지 않을 생각이었습니다. 이 문제로 고민하던 끝에 그는 수도사가 되기로 결심했습니다. 1505년 7월 17일, 루터는 독일 에르푸르트에 있는 일곱 곳의 수도원 중에서 가장 규율이 엄격한 아우구스티누스 수도원에 들어갔습니다. 그는 누구보다 열심을 다해 수도원 생활에 임했습니다. 엄격한 수도원 생활의 작은 규율 하나라도 허투루 넘기지 않았습니다. 얼마나 완벽하게 살려고 애썼는지, 훗날 그는 수도원 생활을 회상하며 이렇게 말했습니다.

> 나는 훌륭한 수도사였다. 만약 수도원의 규율을 엄격히 지켜서 천국에 들어가는 수도사가 있다면, 그건 다름 아닌 나였을 것이다. 수도원에 있던 나를 아는 모든 형제들이 그것을 증거할 수 있다. 좀 더 수도원에 있었다면, 나는 철야와 기도와 성경읽기와 그 밖의 의로운 생활을 추구하다가 죽었을지도 모른다.[2]

얼핏 들으면 굉장히 교만한 말처럼 들리지만 사실이었습니다. 그만큼 그는 간절했습니다. 하나님 앞에서 의롭다고 인정받고 싶었습니다.

하지만 수도원 생활이 그의 고민을 해결해 주진 못했습니다. 규율을 완벽하게 지키려고 애쓰면 애쓸수록 오히려 자신의 내면에서 모순된 모습을 발견했기 때문입니다. 그는 점점 더 불안해지며 절망적인 상태가 되고 말았습니다.[3]

1506년, 로마에선 성 베드로 성당 건축이 시작되었습니다. 당시 로마로 오는 순례자들에게 로마의 7대 교회를 방문하는 것은 의무였습니다. 하루를 금식한 후에 순례자들은 먼저 도시 문 밖의 성 바울 성당을 방문하고, 다음으로 성 십자가 예루살렘 성당, 이어서 성 세바스찬 성당, 성 요한 라테란 성당, 성 로렌스 성당, 성 마리아 마조레 성당, 마지막으로 성 베드로 성당을 잇달아 방문해야 했습니다. 루터도 순례자의 여정에 올랐습니다. 또한 모든 순례자는 본디오 빌라도의 궁전에서 가져온 것으로서 예수님께서 십자가에 달리시기 전에 올라가셨다고 전해지는 (하지만 사실일 가능성은 너무나 희박한) 스칼라 상타(Scala Sancta)라는 대리석 위에 나무판을 덮은 28개의 계단을 주기도문을 외우면서 무릎으로 기어 올라가야 했습니다. 계단을 오를 때마다 연옥에 있는 영혼을 구원할 수 있다고 여겼습니다. 루터는 자기 할아버지를 구원하기 위해 이 계단을 올랐습니다.[4]

우리는 고민하는가?

루터의 이 이야기를 들으면서 어떤 생각이 듭니까? 아마 이런 생각이 들지도 모르겠습니다.

'뭐 그렇게까지 해야 할까?'

'하나님 앞에서 의로울 수 있냐고? 나는 그런 고민은 별로 안 하는데. 바쁜 세상에서 뭐 그런 고민을 하고 사나? 그냥 편하게 살지.'

사실 오늘날 우리는 아예 이런 고민 자체를 하지 않고 살아갑니다. 의로워지려는 노력은커녕 의로움 자체에 대한 진지

한 고민이 사라진 시대입니다. 그러나 '하나님 앞에서 의롭다고 인정받는 것'은 우리의 구원이 달린 중대한 문제입니다. 지금은 하루하루 바쁘게 살아가느라 그 문제를 제쳐 놓고 있지만, 언젠가 우리는 모두 하나님의 심판대 앞에 서야 하는 존재이기 때문입니다.

어떻게 하면 우리는 하나님 앞에서 의로울 수 있을까요? 그런 일은 과연 가능한 걸까요? 성경은 이러한 고민에 대해 어떤 대답을 줄까요?

이것은 기독교에서 '칭의'라고 부르는 신학 주제입니다. 하나님께 의롭다 칭함을 받는 것에 관한 내용입니다. 사실 '의롭다'는 것과 '의롭다고 인정받는 것'은 다른 문제입니다. 처음에는 두 개념을 혼용해서 이야기를 풀어 갈 것입니다. 두 개념이 어떻게 다른지는 이 책을 따라가다 보면 차츰 알게 될 것입니다. '칭의'는 후자를 말합니다. 칭의는 기독교 구원론의 핵심이며 기독교 복음의 진수입니다. 이 교리는 성경에서도 선명하게 말씀하고 있습니다. 무엇보다 종교개혁자 루터 이후 작성된 개혁주의 신앙고백서와 요리문답에 잘 정리되어 있습니다. 이제부터 이 교리를 성경과 개혁주의 신앙고백서와 요리문답에 근거해 간단하고도 쉽게 설명해 보겠습니다.

1. 거룩하신 하나님, 죄 많은 사람

"나는 하나님 앞에서 의로울 수 있을까?"

이 질문에는 '나'와 '하나님'이 나옵니다. 그러므로 나와 하나님을 바르게 이해할 때 비로소 이 질문의 답을 찾을 수 있습니다.[5]

하나님은 누구신가?

하나님은 어떤 분이십니까? 어떤 분이시길래 우리가 이런 고민을 해야 하는 걸까요?

하나님이 어떤 분이신지에 대해서는 성경 전체에 기록되어 있습니다. 그 분량이 너무 방대하여 일일이 살펴보기 어려울 정도입니다. 감사하게도 이 모든 내용을 연구하여 하나님이 어떤 분이신지를 잘 정리해 놓은 것이 있습니다. 장로교회가 어린이들을 가르치기 위해 오랫동안 사용해 온 웨스트민스터 소요리문답의 제4문답입니다. 19세기 미국 프린스턴신학교 교수였던 찰스 핫지(Charles Hodge, 1797-1878년)는 이렇게 말했습니다. "웨스트민스터 소요리문답 제4문답은 하나님의 속성에 대한 최고의 표현이자 정의다."[6] 핫지의 말을 믿고 웨스트민스터 소요리문답 제4문답을 한번 볼까요?

> 4문: 하나님은 어떤 분이십니까?
> 답: 하나님은 영이신데, 그의 존재하심과 지혜와 능력과 거룩하심과 공의와 선하심과 진실하심이 무한하시며, 영원하시며, 불변하십니다.

하나님께는 여러 속성이 있습니다. 하나님은 영이십니다. 하나님은 거룩하십니다. 공의로우십니다. 선하시고 진실하시며, 무한하시고 영원하시며, 불변하십니다. 그 밖에도 더 있지만, 소요리문답은 말 그대로 소(小)요리문답이라 간략히 정리해 놓았습니다.

그중에서도 특히 주목해야 할 하나님의 속성이 있습니다. '거룩하심'과 '공의로우심'입니다. 하나님은 완전히 거룩하시며 완전히 공의로우신 분입니다.

거룩하신 하나님

거룩하다 거룩하다 거룩하다 만군의 여호와여 그의 영광이 온 땅에 충만하도다(사 6:3).

우리의 구원자는 그의 이름이 만군의 여호와 이스라엘의 거룩한 이시니라(사 47:4).

하나님이 거룩하시다는 사실은 성경이 분명하게 증언하고 있습니다. 거룩하다는 것은 모든 결함에서 자유롭고 완전무결하며 한 점의 더러움이 없는 순결한 상태를 의미합니다. 죄는 물론이고 흠과 티가 전혀 없는 상태입니다.

우리는 사도신경을 통해 하나님이 전능하신 분임을 고백합니다. 전능(全能)이란 말 그대로 모든 일을 할 수 있다는 뜻입니다. 그런데 하나님께서 못하시는 일이 있습니다. 죄를 짓는 일입니다. 또 있습니다. 거룩해지지 않는 것입니다.

우리는 죄가 없는 상태를 경험해 본 적이 없습니다. 그렇기에 완전하게 거룩하다는 것이 어떤 의미인지 잘 모릅니다. 이해를 돕기 위해 비유를 들겠습니다. 새하얀 도화지에 아주 자그마한 점 하나를 찍습니다. 그러면 그것은 새하얀 도화지일까요? 우리 눈으로 보기엔 그럴 것 같지만 확대경으로 자세히 들여다보면 그렇지 않습니다. 실제로 그것은 새하얀 도화지가 아닙니다. 그 안에 0.00001밀리미터의 점도 찍혀 있지 않아야 합니다. 그래야 진정으로 새하얀 도화지입니다. 그 정도로 완벽하게 하얀 상태를 하나님의 거룩하심에 비유할 수 있습니다.

하나님의 거룩하심은 그분에게만 국한된 속성이 아닙니다. 성경은 하나님을 넘어 하나님께 속한 것, 하나님과 관련된 모든 것이 다 거룩하다고 말합니다. 출애굽 직후에 하나님께서 이스라엘 백성에게 만들라고 명하신 성소(聖所, The Holy Place)는 말 그대로 '거룩한 장소'입니다(출 25:8). 하나님은 이스라엘 백성을 가리켜 "거룩한 나라"라고 말씀하십니다(출 19:6). 그 외에도 거룩한 땅(출 3:5), 거룩한 안식일(출 16:23, 느 9:14), 거룩한 세마포(레 16:4), 거룩한 향로(민 16:37-38), 거룩한 관유(출 30:25), 거룩한 제단(출 29:37) 등 하나님과 관련된 무수한 것들을 '거룩하다'고 부릅니다.

공의로우신 하나님

거룩하신 하나님은 또한 공의로우신 분입니다.

> 오직 만군의 여호와는 정의로우시므로 높임을 받으시며 거룩하신 하나님은 공의로우시므로 거룩하다 일컬음을 받으시리니 (사 5:16).

공의(公義, Justice)란 절대적으로 공정하고 정의롭다는 의미입니다. 하나님은 거룩하실 뿐만 아니라 공의로우시기 때문에 자신의 거룩함에 어울리지 않는 것에 대해서는 심판하고 형벌을 내리셔야만 합니다. 이렇게 거룩하고 공의로우신 하나님 앞에서 사람은 어떤 존재일까요?

사람은 어떠한가?

사람은 하나님의 피조물입니다. 하나님의 형상을 따라 지음받은 존재입니다. 그렇기에 사람은 하나님 없이는 그 자체로 존재의 의미가 없습니다. 어떤 식으로든 "하나님 앞에 선 사람"(Homo Coram Deo)으로 존재할 때만 의미가 있습니다.7

하나님의 형상을 따라 지음받은(창 1:26-27) 사람은 하나님의 속성인 지식과 의와 거룩함을 반영하는 존재였습니다(엡 4:24, 골 3:10). 죄가 전혀 없는 상태였습니다.

그러나 첫 사람 아담이 범죄함으로 타락했습니다. 온 인류에 죄가 들어왔으며(롬 5:12, 18, 19), 죄의 비참한 상태에 이르게 되었고, 선은 조금도 행할 수 없고 온갖 악만 행하는 경향을 갖게 되었습니다(롬 1:21).

이러한 상태를 장로교회가 어른들을 가르치기 위해 만든 웨스트민스터 대요리문답 제25문답이 잘 설명하고 있습니다.

> 25문: 사람이 타락한 상태의 죄는 무엇으로 이루어져 있습니까?
> 답: 사람이 타락한 상태의 죄는 아담의 첫 범죄의 죄책과 그가 지음받았을 때 가졌던 의로움의 상실과, 본성의 부패로 이루어

져 있습니다. 이로 말미암아 모든 영적인 선을 전적으로 싫어하며, 행할 수 없고, 거역하고, 모든 악에 전적으로 계속해서 기울게 되었습니다. 이것을 보통 원죄라고 하며, 여기에서 모든 자범죄가 나옵니다.

이제 더 이상 처음 상태의 사람은 아무도 없습니다. 모두가 타락한 상태입니다. 본질상 진노의 자녀입니다. 모든 죄의 뿌리인 원죄(原罪)로부터 수많은 종류의 죄를 생산합니다.

타락한 이후 사람은 본성적으로 하나님과 이웃을 미워하는 경향이 생겼습니다. 죄로 인해 몸과 영혼의 모든 기능과 부분이 전적으로 더러워졌으며, 선을 전적으로 싫어하고 행할 수 없으며, 하나님의 진노와 저주 아래 있게 되었으며, 비참함과 죽음에 이르게 되었습니다.

사람은 얼마나 비참한 상태가 되었을까?

웨스트민스터 소요리문답 제19문답은 사람이 얼마나 비참하게 되었는지를 잘 설명합니다.

19문: 사람이 타락한 상태에서 비참한 것은 무엇입니까?

답: 모든 인류가 타락으로 말미암아 하나님과의 교제를 잃어버렸고, 그분의 진노와 저주 아래 있게 되어, 이 세상의 모든 비참함과 죽음과 영원한 지옥의 형벌을 받게 되었습니다.

성경의 가르침에 따르면 사람은 본질상 진노의 자녀입니다(엡 2:3). 어머니의 뱃속에 잉태될 때부터 죄악 가운데 있습니다(시 51:5). 사람의 마음은 이 세상의 어떤 것보다 부패했습니다(렘 17:9). 사람의 마음에서는 악한 생각이 나오며 이것이 사람을 더럽힙니다(막 7:21-23). 사람의 지성과 마음은 어두울 대로 어둡고 굳을 대로 굳어 있습니다(엡 4:18). 몸과 영혼, 전 인격이 죄악으로 얼룩져 있습니다. 지성은 더러워지고, 생각은 악하며, 의지와 감정도 오염 지대입니다. 겉으로는 번듯하고 깔끔해 보여도 그 마음과 삶은 어둠과 죄악 투성이일 뿐입니다.

굳이 성경을 찾아보지 않아도 알 수 있습니다. 우리의 어제와 오늘을 생각해 보십시오. 여러 가지 행동으로 죄를 짓습니다. 거짓말하고 욕을 합니다. 행동만이 아닙니다. 생각과 마음으로도 죄를 짓습니다. 어떤 게 나의 유익일까, 어떻게 하면 다른 사람을 나보다 못하게 할까 궁리합니다. 부패는 마음 깊은 곳에 뿌리를 내리고 있고, 그 본성에 근거해 죄악의 열매가 가득합니다. 죄를 숨기고 떠넘기고 변명합니다. 우리가 볼 때 사소하고 가벼운 죄도 거룩하신 하나님 앞에서는 큰 죄입니다. 무엇을 했기 때문에만 죄인은 아닙니다. 무엇을 하지 않아서도 죄인입니다.

> 사람이 성내는 것이 하나님의 의를 이루지 못함이라(약 1:20).

어제도 아내에게 화를 냈습니다. 어머니에게 화를 냈습니다. 친구와 다투었습니다. 이러한 우리의 모습은 하나님의 의에 감히 다다르지 못합니다.

친구를 미워해 본 적이 있습니까?

> 형제를 미워하는 자마다 살인하는 자니(요일 3:15).

친구에게 욕을 해본 적이 있습니까?

> [21] 옛 사람에게 말한 바 살인하지 말라 누구든지 살인하면 심판을 받게 되리라 하였다는 것을 너희가 들었으나 [22] 나는 너희에게 이르노니 형제에게 노하는 자마다 심판을 받게 되고 형제를

대하여 라가라 하는 자는 공회에 잡혀가게 되고 미련한 놈이라 하는 자는 지옥 불에 들어가게 되리라(마 5:21-22).

어느 것 하나 걸리지 않는 게 없습니다.

우리가 죄인이라는 사실은 우리 스스로가 죄인임을 알면서도 그렇게 아주 악한 건 아니라고 생각하는 경향을 통해 더욱 드러납니다.

그렇다면 오늘 태어나서 몇 시간 안 되어 죽은 사람은 어떨까요? 그 사람도 마찬가지입니다. 비록 죄를 '짓지'는 않았지만 죄가 있습니다. 원죄입니다. 그 때문에 단 1분만 살다 죽은 인생이라도 하나님 앞에서 죄인입니다(롬 3:23). 이 세상에서 가장 의로운 사람도 거룩하신 하나님 앞에서는 악한 죄인에 불과합니다. 사람의 죄인 됨은 하나님 앞에서 극명하게 드러납니다. 세상에서 가장 거룩한 거울이신 하나님 앞에 비치는 자신을 보는 순간 우리는 깨닫습니다.

'이런 내가 어떻게 하나님 앞에서 의롭다고 하면서 설 수 있을까?'

하나님의 거룩하심 앞에서 우리의 모든 죄는 탄로납니다. 죄로 얼룩진 인생입니다. 믿음의 선배들은 사람의 이런 상태를 가리켜 "인간의 전적 타락"이라고 불렀습니다. 사람은 타락

하여 도무지 선을 행할 수 없는 상태가 되었습니다. 거룩하신 하나님의 의에 이를 길이 없습니다.[8]

하나님은 거룩하시며 공의로우신 분입니다. 그래서 하나님은 우리의 죄악 됨을 그냥 넘어가실 수 없습니다. 공의로우신 하나님께 심판은 불가피합니다. 하나님은 우리의 죄악을 형벌하셔야만 합니다.

이 사실이 개혁교회의 가르침을 담은 하이델베르크 요리문답 제10문답과 도르트 신조 둘째 교리 제1조에 잘 정리되어 있습니다.

> 하이델베르크 요리문답
>
> 10문: 하나님께서 그러한 불순종과 반역을 형벌하지 않고 지나치시겠습니까?
>
> 답: 결코 그렇지 않습니다. 하나님은 원죄와 자범죄 모두에 심히 진노하여 그 죄들을 이 세상에서, 영원히 의로운 심판으로 형벌하실 것입니다. 하나님은 "누구든지 율법 책에 기록된 대로 온갖 일을 항상 행하지 아니하는 자는 저주 아래 있는 자라"(갈 3:10)고 선언하셨습니다.

도르트 신조

둘째 교리. 그리스도의 죽으심과 그것을 통한 사람의 구속

1조. 하나님의 공의가 요구하는 형벌

하나님은 지극히 자비로우실 뿐 아니라 지극히 공의로우시다. 그분의 공의는 (말씀에서 자신을 계시하신 대로) 그분의 무한한 위엄을 거스르며 범한 우리의 죄로 인해 우리의 몸과 영혼이 일시적인 형벌과 영원한 형벌을 받아야 할 것을 요구한다. 하나님의 공의가 만족되지 않으면 이 형벌을 피할 수 없다.

거룩하신 하나님 앞에 선 죄 많은 사람

루터가 고민한 지점도 바로 여기입니다. "죄 많은 사람이 어떻게 하나님 앞에서 의롭다고 인정받을 수 있을까?"라는 것입니다.

우리의 죄는 하나님 앞에서 감추거나 피할 수 없습니다. 손으로 태양을 가릴 수 없듯 그 무엇으로도 우리의 죄를 가릴 수 없습니다. 하나님 앞에서 우리는 발가벗은 죄인에 불과합니다.

출애굽기 33장 18-20절에 이런 이야기가 나옵니다.

[18] 모세가 이르되 원하건대 주의 영광을 내게 보이소서 [19] 여호와께서 이르시되 내가 내 모든 선한 것을 네 앞으로 지나가게 하고 여호와의 이름을 네 앞에 선포하리라 나는 은혜 베풀 자에게 은혜를 베풀고 긍휼히 여길 자에게 긍휼을 베푸느니라 [20] 또 이르시되 네가 내 얼굴을 보지 못하리니 나를 보고 살 자가 없음이니라.

주의 영광을 보여 달라는 모세에게 하나님은 보여 줄 수 없다고 말씀하십니다. "네가 내 얼굴을 보지 못하리니 나를 보고 살 자가 없음이니라"(20절)고 하십니다. 하나님은 왜 그렇게 말씀하셨을까요? 하나님의 거룩하심 앞에 죄 많은 사람이 감히 설 수 없기 때문입니다.

거룩하신 하나님 앞에서 죄인이 할 수 있는 말

하나님이 어떤 분이신지를 알고 자신이 어떤 존재인지를 안다면, 그 사람이 할 수 있는 말은 너무나 자명합니다.

주여 나를 떠나소서 나는 죄인이로소이다(눅 5:8).

죄인 중에 내가 괴수니라(딤전 1:15).

주의 종에게 심판을 행하지 마소서 주의 눈앞에는 의로운 인생이 하나도 없나이다(시 143:2).

이런 말 외에 아무 할 말이 없습니다. 거룩하고 공의로우신 하나님 앞에서 우리는 고개를 숙일 수밖에 없습니다. 그분의 거룩하심은 우리를 압도합니다. 그분 앞에서 죄인은 두려울 뿐입니다. 숨을 곳이 있다면 쥐구멍에라도 숨고 싶습니다.

거룩하신 하나님, 죄 많은 사람.

이 사이에는 너무나 커다란 간극이 있습니다.

그러니 고민할 수밖에 없습니다. "나는 하나님 앞에서 의로울 수 있을까?"

2. 율법과 행위로는 의로워질 수 없는 사람

거룩하고 공의로우신 하나님 앞에 선 사람은 의로울 수 없습니다. 우리의 죄악은 정죄받을 수밖에 없습니다. 하나님의 형벌을 받기에 마땅하며 그 어떤 진노도 피할 수 없습니다. 우리는 스스로 의로워질 수 없고, 어떤 행동으로도 의로워질 수 없습니다.

의로워질 방법이 없지는 않지만

방법이 있긴 합니다. 거룩하고 공의로우신 하나님 앞에서 타락한 죄인이 의롭게 되려면 율법을 완전히 행하면 됩니다.

> 하나님 앞에서는 율법을 듣는 자가 의인이 아니요 오직 <u>율법을 행하는 자라야</u> 의롭다 하심을 얻으리니(롬 2:13).

율법을 행하면 의롭게 될 수 있다고 성경은 말합니다.

"하나님 앞에서 어떻게 하면 의롭다고 인정받을 수 있을까?"라고 고민하던 루터도 그런 생각을 했습니다. 당시의 교회가 그렇게 가르쳤습니다. 수도활동을 통해, 경건생활을 통해 우리가 의로워질 수 있다고 가르쳤습니다. 그래서 루터는 최선을 다했습니다. 시키는 대로 다 했습니다.

그러나 문제는 사람이 율법을 완전히 행할 수 없다는 사실에 있습니다. 성경은 분명 율법을 행하는 자가 의롭다고 했는데, 그렇게만 말하고 끝내지 않습니다. 좀 더 덧붙입니다.

> 그러므로 율법의 행위로 그의 앞에 의롭다 하심을 얻을 육체가 없나니 율법으로는 죄를 깨달음이니라(롬 3:20).

사람이 의롭게 되는 것은 율법의 행위로 말미암음이 아니요 오직 예수 그리스도를 믿음으로 말미암는 줄 알므로 우리도 그리스도 예수를 믿나니 이는 우리가 율법의 행위로서가 아니고 그리스도를 믿음으로써 의롭다 함을 얻으려 함이라 율법의 행위로써는 의롭다 함을 얻을 육체가 없느니라(갈 2:16).

또 하나님 앞에서 아무도 율법으로 말미암아 의롭게 되지 못할 것이 분명하니 이는 의인은 믿음으로 살리라 하였음이라(갈 3:11).

성경은 율법을 행하는 자는 의롭다 함을 얻을 수 있다고 말하면서도 "율법의 행위"[9]로는 의롭다 함을 얻을 수 없다고 밝힙니다. 왜 이렇게 말할까요?

사람은 율법을 일부분 지킬 수 있지만 완전히 지킬 수는 없기 때문입니다(하이델베르크 요리문답 제8문답, 제13문답, 웨스트민스터 신앙고백서 제16장 제4절, 웨스트민스터 소요리문답 제82문답, 웨스트민스터 대요리문답 제149문답).

그래서 로마서 3장 20절과 갈라디아서 3장 11절은 사람이 율법을 지켜서는 하나님 앞에서 의롭다 하심을 얻을 수 없다고 말합니다. 두 구절에 나오는 "그의 앞에"와 "하나님 앞에서"라는 말을 볼 때, 이 책의 서두에서 다루었던 '코람데오'가 떠오르지 않습니까?

사람은 존재 자체로도 하나님 앞에서 의로울 수 없고, 율법을 열심히 지키는 일을 통해서도 하나님 앞에서 의로울 수 없습니다. 사람은 스스로 의로워질 수 없고, 어떤 행동으로도 의로워질 수 없습니다.

그래도 나는 할 수 있지 않을까?

여기까지 읽고도 이렇게 말하는 분이 있을지 모르겠습니다.

"나는 할 수 있습니다."

"나는 지금까지 율법을 다 지켰습니다."

성경에도 이렇게 말하는 사람이 있었습니다.

어느 날 한 사람이 예수님께 달려왔습니다. "내가 무엇을 해야 영생을 얻으리이까?"

이 질문을 들으신 예수님은 "네가 계명을 아나니 살인하지 말라, 간음하지 말라, 도둑질하지 말라, 거짓 증언하지 말라, 속여 빼앗지 말라, 네 부모를 공경하라 하였느니라"고 말씀하십니다. 십계명 중에서 제6계명, 제7계명, 제8계명, 제9계명 그리고 제5계명을 지키라고 말씀하십니다.

이 말을 들은 사람은 자신 있게 말합니다. "선생님이여, 이것은 내가 어려서부터 다 지켰나이다."

예수님은 다시 말씀하십니다. "네게 아직도 한 가지 부족

한 것이 있다." 그러면서 "네게 있는 것을 다 팔아 가난한 자들에게 주라. 그리하면 하늘에서 보화가 네게 있으리라. 그리고 와서 나를 따르라"고 하십니다.

그러자 그 사람은 슬픈 기색을 띠고 근심하며 돌아갑니다(막 10:17-22 참조).

예수님은 이 사건을 통해 무엇을 알려 주려 하셨을까요? 아무리 율법을 잘 지키는 사람이라도 완전하게 지킬 수 없다는 사실을 보여 주십니다. 그 누구도 "나는 다 지켰다"라고 자신할 수 없음을 보여 주십니다.

사람은 누구도 완벽한 실천을 할 수 없습니다. 그러려면 동기와 과정, 결과까지 모두 선해야 합니다. 하지만 그렇게 할 수 있는 사람은 아무도 없습니다. 세상에서 가장 거룩한 사람이라도 그런 일은 불가능합니다. 지금까지 살다 간 사람 중에 누구도 율법을 완벽하게 지킨 이는 없습니다.

평생을 이웃에게 봉사한 사람도 죄를 짓습니다. 안타깝게도 우리가 짓는 수많은 죄는 우리의 선행으로는 해결되지 않습니다. "착한 일 하나 했으니까 지난번에 지은 죄 하나 없애 주세요"라고 할 수 없습니다. 죄는 그대로 남습니다.

그래서 성경은 명백하게 선언합니다.

> 율법의 행위로 그의 앞에 의롭다 하심을 얻을 육체가 없나니 율법으로는 죄를 깨달음이니라(롬 3:20).

그렇습니다. 율법을 지키는 행위로는 누구도 하나님 앞에서 의롭다 함을 얻을 수 없습니다. 온갖 열심도 하나님의 거룩하심과 의의 기준에 다다를 수 없습니다. 아무리 종교적인 사람이라 할지라도 그의 의는 헌 누더기와 다를 바가 없습니다(사 64:6). 혹여나 우리에게 자그마한 의가 있을지라도 그것은 아무것도 아닙니다. 우리의 노력과 율법을 지키는 행위로 의에 이르려고 해보았자 헛수고에 불과합니다(갈 5:4). 하나님 앞에서 아무도 율법으로 말미암아 의롭게 되지 못할 것이 분명합니다(갈 3:11).

사람이 율법을 지키는 행위로는 의로워질 수 없다는 사실을 루터도 깨달았습니다. 로마서와 갈라디아서를 깊이 연구하면서 말입니다. 그는 당시 로마 가톨릭교회의 가르침이 옳지 않다는 사실을 알고는 성경은 어떻게 가르치는지를 더욱 알려고 노력했습니다. 율법을 실천하는 일을 대신할 방법을 찾기 위해서 말입니다.

여러분도 스스로 의로워지려고 하지 마십시오. 그런 수고가 오히려 헛되다는 것을 깨달으십시오.

3. 하나님의 의가 되시는 그리스도

거룩하신 하나님 앞에서 죄인 된 사람은 의로울 수 없습니다. 어떤 노력을 기울여도 죄 문제가 해결되지 않습니다. 율법을 지키는 방법이 있긴 하지만 결코 율법을 다 지킬 수 없으며, 따라서 의로울 수 없습니다.

그렇다면 어떻게 해야 할까요? 하나님께서 내리실 형벌을 기다리는 것 말고는 정말 아무 방법이 없는 걸까요?

하나님께서 허락하신 대체 방법

율법을 행하는 것으로는 의롭다 함을 받을 수 없는 사람의 타락한 본성을 잘 아시는 하나님께서 감사하게도 이를 대신할 다른 방법을 마련해 주셨습니다. 바로 예수 그리스도로 하여금 우리를 대신해 의를 획득하게 하신 것입니다. 예수 그리스도가 하나님의 의, 우리의 의가 되셨습니다.

로마서는 3장 20절에서 율법의 한계를 언급한 다음, 바로 이어서 율법을 대신하는 방법을 제시합니다.

> [21] 이제는 율법 외에 하나님의 한 의가 나타났으니 율법과 선지자들에게 증거를 받은 것이라 [22] 곧 예수 그리스도를 믿음으로 말미암아 모든 믿는 자에게 미치는 하나님의 의니 차별이 없느니라(롬 3:21-22).

다른 곳에서도 율법을 대신하는 의에 대한 설명을 들을 수 있습니다.

> 내가 가진 의는 율법에서 난 것이 아니요 오직 그리스도를 믿음으로 말미암은 것이니 곧 믿음으로 하나님께로부터 난 의라(빌 3:9).

바울은 자신의 의가 율법이 아니라 그리스도를 믿음으로

말미암은 의임을 밝히면서, 그 의가 곧 "하나님께로부터 난 의"라고 설명합니다.[10] 그리스도는 하나님의 의요, 율법의 한계를 잘 아시는 하나님께서 허락하신 의입니다.

예수님은 어떻게 하나님의 의가 되셨는가?

성경은 예수님을 가리켜 "하나님의 의"라고 말합니다. 예수님은 어떻게 하나님의 의가 되셨을까요? 크게 두 가지입니다.

먼저, 예수님은 이 세상에 오셔서 하나님의 모든 율법에 순종하셨습니다. 세례를 받으셨고(마 3:13-17), 마귀의 유혹을 이기셨으며(마 4:1-11), 하나님의 말씀을 지키셨고, 하나님의 이름에 영광을 돌리셨으며, 안식일을 온전히 지키셨고(마 12:1-13), 부모를 공경하셨으며(요 19:26-27), 사람의 생명을 살리시는(마 8:1-4, 9:18-26) 등 율법을 완전히 지키셨습니다.[11]

또한 예수님은 이 세상에 오셔서 완전한 속죄를 이루셨습니다. 고난 당하셨고, 십자가에 못 박혀 피 흘리신 뒤에 죽으셨으며, 다시 살아나셨습니다. 우리의 범죄를 위해 내어 줌이 되셨고(롬 4:25), 우리를 위해 피 흘리셨으며(롬 5:9), 죽으셨고(롬 5:6-11), 저주를 받으셨으며(갈 3:13), 죄가 되셨고(고후

5:21), 우리의 의롭다 함을 위해 살아나셨으니(롬 4:25) 그리스도는 분명 우리의 의로움이 되십니다(고전 1:30).

아마 이런 생각을 한 번쯤은 해보셨을 것입니다. '예수님이 우리의 죄를 위해 이 세상에 오셔서 십자가에 달려 죽으시는 게 목적이라면 왜 굳이 33년이라는 생애를 사셨을까? 태어나서 2-3일 뒤에 십자가에 달려 죽으셔도 되지 않았을까?'라고 말입니다.

우리는 예수님의 십자가 사건을 생각할 때 감동을 받습니다. 그분이 당하신 고난을 상상하면 눈물이 납니다. 피와 물을 다 흘리신 가혹한 고통을 생각할 때 가슴이 저려 옵니다. 하물며 아기 예수가 십자가에 달린다고 생각해 보십시오. 더 처참하고, 더 가슴 아프며, 더 드라마틱하지 않겠습니까?

하지만 예수님은 그렇게 하지 않으셨습니다. 33년 동안 사생애(私生涯)와 공생애(公生涯)를 살며 율법에 순종하셨습니다. 세례를 받으셨고, 시험을 당하셨으며, 사람이 경험하는 역경을 겪으셨고, 그런 생애 가운데서 하나님의 말씀에 온전히 순종하셨습니다. 이렇게 세상에서 율법에 순종하신 것은 하나님의 의를 완전히 획득하기 위한 적극적이고 능동적인 순종이었습니다. 그리스도의 완전한 순종입니다.

예수님은 하나님의 의가 되시어

예수님은 하나님의 의가 되십니다. 성경은 예수님이 곧 하나님의 의라는 사실을 수차례 말합니다.

> ¹⁵ 그날 그때에 내가 다윗에게서 한 공의로운 가지가 나게 하리니 그가 이 땅에 정의와 공의를 실행할 것이라 ¹⁶ 그날에 유다가 구원을 받겠고 예루살렘이 안전히 살 것이며 이 성은 여호와는 우리의 의라는 이름을 얻으리라(렘 33:15-16).

> 너희는 하나님으로부터 나서 그리스도 예수 안에 있고 예수는 하나님으로부터 나와서 우리에게 지혜와 의로움과 거룩함과 구원함이 되셨으니(고전 1:30).

> 하나님이 죄를 알지도 못하신 이를 우리를 대신하여 죄로 삼으신 것은 우리로 하여금 그 안에서 하나님의 의가 되게 하려 하심이라(고후 5:21).

예수 그리스도는 우리가 하나님께 의롭다 함을 얻을 다른 방법을 마련해 주셨습니다. 하나님의 모든 율법에 순종하심으로, 그리고 십자가에서 완전한 속죄를 이루심으로, 우리가 율법에 순종하는 방식으로는 도무지 얻을 수 없는 의로움을 우리를 위해 대신 얻으셨습니다. 이 사실을 사도들도 잊지 않고 전했습니다.

> [38] 그러므로 형제들아 너희가 알 것은 이 사람을 힘입어 죄 사함을 너희에게 전하는 이것이며 [39] 또 모세의 율법으로 너희가 의롭다 하심을 얻지 못하던 모든 일에도 이 사람을 힘입어 믿는 자마다 의롭다 하심을 얻는 이것이라(행 13:38-39).

헷갈리지 마십시오. 우리의 의가 아니라 분명히 하나님의 의입니다(시 71:2).

우리 안에서는 의를 찾을 수 없습니다. 우리 밖에서 찾아야 합니다. 어디에 있을까요? 바로 예수 그리스도에게 있습니다. 그분의 의를 통해서만 우리는 하나님 앞에서 의로울 수 있습니다.

우리 안에 있는 것이 아니라 우리 바깥에 있는 것이기에, 루터는 이것을 가리켜 "외부의 의"(Alien Righteousness)라고 했습니다.[12] 그는 시편과 로마서를 통해 하나님께서 의롭게 해 주시는 진리를 깨달았습니다. 중세 로마 가톨릭교회의 가르침이 잘못되었음을 알게 되었습니다. 그가 깨달은 바에 의하면 하나님은 우리 안에 내재하는 의가 아니라 우리 바깥에서 오는 의를 통해 우리를 의롭다고 칭해 주십니다. 죄인은 하나님께서 위에서 내려 주시는 낯선 의를 믿음으로 의롭게 됩니다. 의의 행동을 반복함으로써 자신 안에 습성이 된 고유한 의를 통해서가 아니라, 하나님께서 선물로 주시는 낯선 의를 믿음으로써 의로워집니다.[13]

웨스트민스터 신앙고백서 제11장 1절과 3절, 웨스트민스터 대요리문답 제70문답은 성경과 루터, 종교개혁자들의 가르침을 다음과 같이 잘 정리해 놓았습니다.

웨스트민스터 신앙고백서
제11장 칭의에 관하여
1. 하나님께서 효력 있게 부르신 자들을 값없이 의롭다 칭하시니 그들 속에 의를 주입함으로써가 아니라 그들의 죄를 용서하시고 그들의 인격을 의로 간주하여 받아 주심으로써 하신다. 그들 안에서 이루어진 어떤 것이나 그들이 행한 어떤 것이 아니라 오직 그리스도로 인해 하셨다. 믿음 자체나 믿는 행위나 어떤 복음적인 순종을 그들의 의로 여겨 그들에게 전가함으로써가 아니라, 그리스도의 순종과 속죄를 그들에게 전가함으로

써 하신다. 그들은 믿음으로 그리스도와 그분의 의를 받아 의지하며, 이 믿음은 그들에게서 난 것이 아니라 하나님의 선물이다.

3. 그리스도는 자신의 순종과 죽으심으로 의롭다 함을 받는 모든 자들의 빚을 완전히 갚아 주셨고, 그들을 대신해 성부 하나님의 공의를 합당하고 참되며 완전하게 만족시키셨다. 성부께서는 그들을 위해 그리스도를 보내 주셨고, 그들 대신 그리스도의 순종과 속죄를 받아들이셨으니, 그들의 칭의는 그들 안에 있는 무엇 때문이 아니라 오직 값없는 은혜다. 이는 하나님의 엄정한 공의와 풍성한 은혜가 죄인들의 칭의 안에서 영광받으시기 위함이다.

웨스트민스터 대요리문답
70문: 칭의란 무엇입니까?
답: 칭의란 하나님께서 죄인들에게 값없이 주시는 은혜의 행위로서, 그분이 그들의 모든 죄를 용서하시고, 그분이 보시기에 의로운 자로 받아 주시고 간주하시는 것입니다. 그들 안에서 이루어진 어떤 것이나 그들이 행한 어떤 것 때문이 아니라, 하나님께서 그들에게 전가하셨고, 오직 믿음으로 받는, 그리스도의 완전한 순종과 충분한 속죄로 말미암는 것입니다.

우리의 행위와 비교할 수 없는 하나님의 의

그리스도의 순종과 속죄를 통해 획득된 하나님의 의는 우리의 행위와 노력으로는 도무지 얻어 낼 수 없는 완전한 의입니다. 하나님의 거룩하심과 공의로우심을 만족시키는 의입니다. 이 의는 우리로 하여금 "나는 하나님 앞에서 의로울 수 있을까"라는 고민을 더 이상 할 필요가 없게 해주는 의입니다.

우리는 스스로 무언가를 해서 의를 이루려고 하기보단 우리보다 더 나은, 아니 우리와는 도무지 비교할 수 없는 분이 이루신 의를 찾는 편이 훨씬 더 낫습니다. 하나님은 율법으로 얻지 못하는 의 대신에 그리스도를 통한 의를 우리에게 허락하셨습니다. 우리는 의를 우리 안에서 찾고 얻으려 하기보단 우리 바깥에서 찾고 얻어야 합니다. 그럴 때 진정으로 '하나님 앞에' 설 수 있습니다. 오직 그리스도만이 우리의 의로움이 되십니다. 그리스도의 의만이 하나님 앞에서 우리가 의롭다 칭함을 받게 해줄 수 있습니다.

> 그리스도께서도 단번에 죄를 위하여 죽으사 의인으로서 불의한 자를 대신하셨으니 이는 우리를 하나님 앞으로 인도하려 하심이라(벧전 3:18).

> 잠깐만!
> 신앙고백서와
> 요리문답

신앙고백서란 성경의 가르침에 대해 개인이나 교회 공동체가 믿는 바를 일정한 형식으로 선언하는 신앙 문서를 말합니다. 교회 안으로는 신앙 교육을 위해, 바깥으로는 이단을 막고 교회를 보호하기 위해 만들었습니다. 요리문답은 기독교의 중요한 기본 진리들을 체계 있게 교육시킬 목적으로 만든 문답 형식의 문서입니다. 구약 시대에도 문답식 교육이 이루어졌으나(출 24:7) 요리문답 형식을 갖춘 것은 초대교회 때 세례 교인을 가르친 데서 비롯되었습니다. 신앙고백서와 요리문답은 종교개혁을 거치면서 험난한 역사 속에서 믿음의 선조들이 치열하게 성경을 연구하며 더욱 발전되었고, 교회와 성도들을 지키고 세우는 데 귀한 역할을 해왔습니다.

개혁주의의 대표적인 신앙고백서와 요리문답에는 웨스트민스터 신앙고백서와 웨스트민스터 대·소요리문답, 하이델베르크 요리문답, 벨기에 신앙고백서, 도르트 신조 등이 있습니다.

◈ 웨스트민스터 신앙고백서와 대·소요리문답

1643년 잉글랜드 의회가 법령을 만들어 경건하고 학식 있는 사람들을 모아 교회의 운영체제와 예배 의식에 관한 문제를 결정하고자 웨스트민스터 총회를 열었습니다. 이후로 151명이 5년 6개월 동안 1,163회의 모임을 가지면서 예배 모범, 장로회 교회 정치 규범, 신앙 고백, 소요리문답, 대요리문답을 작성했습니다.

웨스트민스터 신앙고백서는 기독교 주요 교리를 33개 조항으로 정리하고 있습니다. 대요리문답은 설교자가 강단에서 교리를 체계적으로 선

포함 수 있게 196문답으로, 소요리문답은 어린이에게 체계적인 교리 교육을 시킬 수 있게 대요리문답을 요약해 만든 107문답으로 구성되어 있습니다.

◈ 하이델베르크 요리문답

1563년 독일의 개혁파 교회가 채택한 요리문답으로 개혁교회의 신앙을 대표하는 주요 문서 중 하나입니다. 작센의 프리드리히 3세가 개혁 신앙으로 개종하면서 영내의 교회와 학교에서 사용할 신앙의 기본 진리를 만들도록 지시하여 작성되었습니다. '하이델베르크'라는 이름은 이 문서가 작성된 도시명에서 유래합니다.

전체 문답은 129개이며 1년 52주간 공부를 이어갈 수 있게 되어 있습니다. 제1부는 인간의 비참함에 대한 내용으로 율법에 의한 죄의식을, 제2부는 인간의 구속에 대한 내용으로 사도신경, 즉 성부·성자·성령, 성례전 일반, 세례, 성찬 등을, 제3부는 감사에 대해 다루면서 십계명과 주기도문을 설명합니다.

◈ 벨기에 신앙고백서

1561년에 작성된 신앙고백서로 네덜란드 신앙고백이라고도 부릅니다. 그 당시 벨기에는 벨기에 서부, 프랑스 북부, 네덜란드 남서부 지역을 아울렀고, 통치자는 스페인 왕 필립 2세였습니다. 그는 종교재판소를 설치하고 개혁교회를 무자비하게 탄압했습니다. 이러한 박해 시기에 개혁교회가 믿는 신앙이 무엇인지를 진술한 것이 벨기에 신앙고백서입니다.

벨기에의 베르겐 출신 귀도 드 브레는 이 문서를 작성했다는 이유로 1567년에 순교합니다. 이 문서는 이후 네덜란드어로 번역, 배포되었고 여러 회의에서 약간의 개정 작업을 거쳐 엠덴의 개혁주의 대회에서 공식적인 신앙고백서로 채택되었습니다. 도르트 총회에서도 권위를 인정받고 현재까지도 중요한 신앙고백서 중 하나로 인정받고 있습니다.

◈ 도르트 신조

네덜란드의 도르트에서 열린 개혁교회 회의가 칼뱅주의에 입각하여 1619년에 채택한 기독교 신조입니다. 1610년 네덜란드 신학교수 알미니우스의 제자들이 무조건적 예정론(불가항력적 은혜)에 반대하는 항변서를 발표하자, 철저한 칼뱅주의자 고마루스가 반항변서를 발표하면서 양측 간에 격렬한 논쟁이 벌어진 것이 발단입니다.

도르트 신조는 알미니우스주의자들이 제기한 각 문제에 대한 네덜란드 개혁교회의 답변과 결정을 담고 있습니다. 이것을 요약한 것이 오늘날 우리에게 튤립(TULIP)이란 약자로 잘 알려진 칼뱅주의 5대 강령 즉, ① 인간의 전적 부패(Total Depravity) ② 무조건적 선택(Unconditional Election) ③ 제한 속죄(Limited Atonement) ④ 불가항력적 은혜(Irresistible Grace) ⑤ 성도의 견인(Perseverance of Saints)의 교리입니다.

4. 그리스도의 의가 나에게

여기에서 한 가지 질문이 생깁니다. 예수 그리스도에게 있는 하나님의 의가 어떻게 죄인 된 나의 것이 될 수 있을까요? 예수님의 의는 예수님의 것이고, 나의 죄는 나의 것인데 말입니다. 예수님의 의는 내 안에 있는 것이 아니라 내 바깥에 있는 것인데 말입니다. 성경은 이것을 '전가'라는 방법으로 설명합니다.

전가

'전가'(轉嫁, Imputation)란 무슨 말일까요? 사전적으로는 '여기다, 돌리다, 옮기다, 간주하다'라는 뜻입니다. 원래는 그렇지 않은데 그런 것으로 간주한다는 의미입니다. '책임 전가'라는 말에서 사용되는 그 전가입니다. 내가 잘못해 놓고 다른 사람에게 잘못을 떠넘길 때 쓰는 말이죠. 책임 전가라는 말에서 전가는 나쁜 뜻으로 쓰이지만, 칭의 교리에서 전가는 좋은 의미로 사용됩니다.

전가라는 방법을 통해 예수님의 의가 나의 의가 됩니다. 그분의 의가 나의 의로 돌려집니다. 우리에게는 의가 없지만 전가를 통해 마치 의가 있는 것처럼 간주됩니다.

전가를 설명하는 여러 성경 구절이 있지만, 그중에 가장 대표적인 것이 로마서 4장 3-9절과 22-25절입니다.

> [3] 성경이 무엇을 말하느냐 아브라함이 하나님을 믿으매 그것이 그에게 의로 여겨진 바 되었느니라 [4] 일하는 자에게는 그 삯이 은혜로 여겨지지 아니하고 보수로 여겨지거니와 [5] 일을 아니할지라도 경건하지 아니한 자를 의롭다 하시는 이를 믿는 자에게는 그의 믿음을 의로 여기시나니 [6] 일한 것이 없이 하나님께 의로 여기심을 받는 사람의 복에 대하여 다윗이 말한 바 [7] 불법이 사함을 받고 죄가 가리어짐을 받는 사람들은 복이 있고 [8] 주께서 그 죄를 인정하지 아니하실 사람은 복이 있도다 함과 같

으니라 ⁹ 그런즉 이 복이 할례자에게냐 혹은 무할례자에게도냐 무릇 우리가 말하기를 아브라함에게는 그 믿음이 의로 <u>여겨졌다</u> 하노라 … ²² 그러므로 그것이 그에게 의로 <u>여겨졌느니라</u> ²³ <u>그에게 의로 여겨졌다</u> 기록된 것은 아브라함만 위한 것이 아니요 ²⁴ 의로 <u>여기심</u>을 받을 우리도 위함이니 곧 예수 우리 주를 죽은 자 가운데서 살리신 이를 믿는 자니라 ²⁵ 예수는 우리가 범죄한 것 때문에 내줌이 되고 또한 우리를 의롭다 하시기 위하여 살아나셨느니라(롬 4:3-9, 22-25).

하나님은 아브라함을 의로운 자로 여기셨습니다. 간주하셨습니다. 이때 아브라함이 의인으로 여겨진 이유는 그의 행위 때문이 아닙니다. 아브라함 자신의 의 때문이 아닙니다. 아브라함의 믿음 때문입니다.

마찬가지로 그리스도가 의를 이루셨고, 그 의로움이 우리에게 옮겨집니다. 우리가 의로움을 위해 무슨 일을 한 것도 아닌데 마치 우리가 한 것처럼 간주됩니다. 하나님의 의가 되시는 예수 그리스도의 의를 전가받습니다.

전가가 무엇인지를 설명해 주는 또 다른 성경 구절이 있습니다.

레위기 16장에 보면 대속죄일(the Day of Atonement)에 대

제사장이 하는 일에 대해 설명합니다. 구약의 많은 제사들 중 오직 대속죄일에만, 1년에 단 한 차례 대제사장이 지성소 안에 들어갔습니다. 이 제사를 통해 이스라엘 백성의 모든 죄를 속죄하는 의식을 치렀습니다. 제사 방식은 조금 복잡합니다만, 우리가 알아야 할 부분만 보자면 21-22절입니다.

> [21] 아론은 그의 두 손으로 살아 있는 염소의 머리에 안수하여 이스라엘 자손의 모든 불의와 그 범한 모든 죄를 아뢰고 그 죄를 염소의 머리에 두어 미리 정한 사람에게 맡겨 광야로 보낼지니 [22] 염소가 그들의 모든 불의를 지고 접근하기 어려운 땅에 이르거든 그는 그 염소를 광야에 놓을지니라(레 16:21-22).

21절에서 보듯이 대제사장인 아론은 두 손으로 살아 있는 염소의 머리에 안수를 합니다. 이때 안수하는 의식을 통해 이스라엘 자손의 모든 죄와 불의가 그 염소의 머리에 '전가'됩니다. 옮겨집니다. 그러고 나면 미리 정한 사람이 그 염소를 광야로 보냅니다. 염소는 아론의 안수를 통해 이스라엘 백성들의 모든 불의와 죄를 짊어지고 접근하기 어려운 땅, 개역한글에 따르면 '무인지경'(無人之境), 즉 아무도 없는 허허벌판 광야로 내몰리는 것입니다.

염소에게 무슨 죄가 있을까요? 염소는 아무런 죄가 없습니다. 흠 없는 염소입니다. 그러나 아론이 안수함으로써 그 염소는 이스라엘 백성의 모든 불의와 죄를 짊어지게 됩니다. 죄가 염소에게 전가되는 것입니다. 떠넘겨집니다. 아무 죄 없는 염소에게 이제 이스라엘 모든 백성의 죄악이 옮겨집니다. 이스라엘 백성을 대신해 염소가 그 죄를 담당하게 됩니다. 염소는 백성들의 죄를 지고서 접근하기 어려운 땅으로, 허허벌판 광야로 가게 됩니다. 아무도 없는 그곳에서 결국은 죽음을 맞이합니다. 이런 방식을 통해 이스라엘의 모든 백성은 속죄함을 얻습니다.

세례 요한은 예수님이 자기에게 나아오실 때 이런 고백을 합니다.

> 보라 세상 죄를 지고 가는 하나님의 어린 양이로다(요 1:29).

"세상 죄를 지고 가는" 하나님의 어린 양의 모습이 마치 대속죄일에 광야로 보내는 염소와 같습니다. 대속죄일의 염소가 이스라엘 백성의 죄를 지고 광야로 내몰린 것처럼, 유월절 어린 양이신 예수 그리스도가 세상 모든 사람의 죄를 짊어지고 광야와 같은 골고다로, 십자가로 내몰리신 것입니다.

레위기 16장의 염소는 이스라엘 백성의 모든 죄를 지고 갔지만, 하나님의 어린 양 되신 예수님은 우리의 모든 죄를 지고 가셨습니다. 하나님과 사람을 분리시키는 그 어떤 죄악도 남김없이 '모두' 지고 가셨습니다. 아무런 죄가 없고 흠 없는 염소가 백성들의 죄를 지고 광야로 간 것처럼, 아무런 죄가 없고 흠 없으신 하나님의 어린 양이 우리의 죄를 지고 십자가로 가셨습니다. 피 흘리시고, 고난받으시고, 죽임 당하시기 위해서 말입니다.

세례 요한은 레위기 16장 21-22절에 나오는 그 염소를 떠올렸습니다. 자기 앞으로 나오시는 예수님을 보면서 "보라 세상 죄를 지고 가는 하나님의 어린 양이로다"라고 말하며 장차 예수님께서 하실 사역이 이스라엘 백성의 죄를 진 채 광야로 보내져 버림받았던 염소가 했던 일과 같을 것임을 떠올렸습니다.

이중 전가

이미 우리는 어머니의 배에 잉태되는 순간 전가를 경험했습니다. 아담의 죄가 우리에게 전가된 것입니다.

> ¹⁷ 한 사람의 범죄로 말미암아 사망이 그 한 사람을 통하여 왕 노릇 하였은즉 더욱 은혜와 의의 선물을 넘치게 받는 자들은 한 분 예수 그리스도를 통하여 생명 안에서 왕 노릇 하리로다 ¹⁸ 그런즉 한 범죄로 많은 사람이 정죄에 이른 것같이 한 의로운 행위로 말미암아 많은 사람이 의롭다 하심을 받아 생명에 이르렀느니라 ¹⁹ 한 사람이 순종하지 아니함으로 많은 사람이 죄인 된 것같이 한 사람이 순종하심으로 많은 사람이 의인이 되리라(롬 5:17-19).

다시 말하지만 우리는 처음부터 원죄를 갖고 이 세상에 태어납니다. 왜 그럴까요? 아담의 죄가 우리에게 전가되었기 때문입니다.

이 죄의 전가가 예수 그리스도의 의를 통해 회복됩니다(롬 5:15, 17-19). 나의 죄가 예수 그리스도에게 옮겨지고, 예수 그리스도의 의가 나에게 옮겨집니다. 이것을 이중 전가(Twofold Imputation)라고 합니다.

> 예수는 우리가 범죄한 것 때문에 내줌이 되고 또한 우리를 의롭다 하시기 위하여 살아나셨느니라(롬 4:25).

곧 하나님께서 그리스도 안에 계시사 세상을 자기와 화목하게 하시며 그들의 죄를 그들에게 돌리지 아니하시고 화목하게 하는 말씀을 우리에게 부탁하셨느니라(고후 5:19).

하나님이 죄를 알지도 못하신 이를 우리를 대신하여 죄로 삼으신 것은 우리로 하여금 그 안에서 하나님의 의가 되게 하려 하심이니라(고후 5:21).

이 구절들이 이중 전가의 교리를 가르쳐 줍니다.

여기서 명확하게 짚고 갈 부분이 있습니다. 예수 그리스도의 의가 나에게 전가된다고 해서 나의 죄가 없어지는 게 아닙니다. '내가' 의로워진 게 아닙니다. 나는 무수히 많은 죄를 지었고 그 죄를 없앨 수 없습니다. 그러나 하나님은 나를 마치 죄가 전혀 없는 것처럼, 죄를 한 번도 지은 적이 없는 것처럼 여겨 주십니다. 죄는 그대로 남아 있지만 마치 없는 것처럼 여겨 주신다는 의미입니다. 의로워지진 않았지만 의로워진 것으로 여겨 주신다는 의미입니다. 그래서 우리는 하나님 앞에서 의롭다 칭함을 받는다고 말합니다.

이 사실을 하이델베르크 요리문답 제60문답이 잘 설명해 줍니다.

60문: 당신은 어떻게 하나님 앞에서 의롭게 됩니까?

답: 오직 예수 그리스도에 대한 참된 믿음으로만 의롭게 됩니다. 비록 내가 하나님의 모든 계명을 크게 어겼고, 단 하나도 지키지 않았으며, 여전히 모든 악으로 향하는 성향이 있다고 나의 양심이 고소하지만, 하나님은 나의 공로가 전혀 없이 순전히 은혜로 그리스도의 온전히 만족케 하심과 의로움과 거룩함을 선물로 주십니다. <u>하나님은 마치 나에게 죄가 전혀 없고 또한 내가 죄를 짓지 않은 것처럼, 실로 그리스도께서 나를 위해 이루신 모든 순종을 내가 직접 이룬 것처럼 여겨 주십니다.</u> 오직 믿는 마음으로만 나는 이 선물을 받습니다.

이 진리가 얼마나 놀랍고 신기한지 루터는 나의 죄가 예수님의 죄가 되고, 예수님의 의가 나의 의가 되는 것을 가리켜 "위대한 교환"(Great Exchange)이라고 불렀습니다.[14]

다시 강조하면, 그리스도는 우리의 죄를 용서해 주기 위해 죽으셨고, 우리에게 영원한 생명을 주기 위해 율법에 순종하셨습니다. 그렇게 의를 이루셨습니다.

5. 오직 믿음으로, 이신칭의

"나는 하나님 앞에서 의로울 수 있을까?"

이 질문에 대한 1차적인 답은 "그럴 수 없다"입니다. 우리는 태생적으로 의롭지 않고, 아무리 노력해도 의로워질 수 없습니다.

이런 우리를 위해 하나님께서 방법을 마련해 주셨습니다. 예수님이 하나님의 의가 되셨습니다. 이제 예수님의 의가 나에게 전가되면 됩니다. 그러면 어떻게 해야 예수님의 의가 나의 의로 전가될 수 있을까요?

전가는 어떻게 이루어지는가?

믿음으로 됩니다. 전가의 수단은 믿음입니다. 믿음으로 예수 그리스도에게 있는 하나님의 의를 우리의 것으로 만들 수 있습니다. 성경은 곳곳에서 이 사실을 알려 줍니다. 특히 로마서 3장 22-31절이 가장 잘 보여 줍니다.

> [22] 곧 <u>예수 그리스도를 믿음으로 말미암아</u> 모든 믿는 자에게 미치는 하나님의 의니 차별이 없느니라 … [27] 그런즉 자랑할 데가 어디냐 있을 수가 없느니라 무슨 법으로냐 행위로냐 아니라 <u>오직 믿음의 법으로니라</u> [28] 그러므로 사람이 의롭다 하심을 얻는 것은 율법의 행위에 있지 않고 <u>믿음으로</u> 되는 줄 우리가 인정하노라 … [30] 할례자도 <u>믿음으로 말미암아</u> 또한 무할례자도 믿음으로 말미암아 의롭다 하실 하나님은 한 분이시니라 [31] 그런즉 우리가 <u>믿음으로 말미암아</u> 율법을 파기하느냐 그럴 수 없느니라 도리어 율법을 굳게 세우느니라.

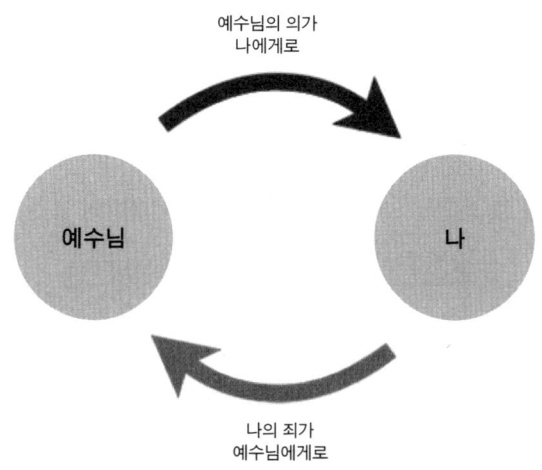

오직 믿음으로, 이신칭의는 칭의 교리의 핵심

이때 믿음이라는 방법과 그 외에 다른 방법이 있는 것이 아닙니다. 믿음으로만 가능합니다. 다른 방법은 없습니다. 그래서 '오직 믿음'입니다.

정말 이 방법뿐일까요? 다른 것으로는 안 될까요? 혹은 믿음과 함께 다른 무엇이 더 필요하지는 않을까요? 그렇지 않습니다. 오직 믿음으로만 가능하며 믿음만으로 충분합니다. 다음의 성경 구절들이 이 사실을 강조합니다.

사람이 의롭게 되는 것은 율법의 행위로 말미암음이 아니요 오직 예수 그리스도를 믿음으로 말미암는 줄 알므로 우리도 그리스도 예수를 믿나니 이는 우리가 율법의 행위로써가 아니고 그리스도를 믿음으로써 의롭다 함을 얻으려 함이라 율법의 행위로써는 의롭다 함을 얻을 육체가 없느니라(갈 2:16).

그 안에서 발견되려 함이니 내가 가진 의는 율법에서 난 것이 아니요 오직 그리스도를 믿음으로 말미암은 것이니 곧 믿음으로 하나님께로부터 난 의라(빌 3:9).

우리를 구원하시되 우리가 행한 바 의로운 행위로 말미암지 아니하고 오직 그의 긍휼하심을 따라 중생의 씻음과 성령의 새롭게 하심으로 하셨나니(딛 3:5).

왜 행위가 아닌 믿음으로만 의롭다 함을 얻을 수 있을까요? 앞에서 이미 다루었듯이, 타락한 사람은 자기 스스로 하나님의 의를 만족시킬 수 없기 때문입니다. 사람은 하나님의 율법을 온전히 지킬 수 없기 때문입니다. 우리의 선행은 하나님 앞에서 의가 될 수 없기 때문입니다.

믿음은 칭의의 유일한 수단입니다. 하나님으로부터 의롭다 칭함을 받는 유일한 도구입니다. 이것이 성경의 가르침입니다. 이 사실을 종교개혁자들은 성경(시편과 로마서)에서 발견했고, "이신칭의"(以信稱義, Justification By Faith Alone)라는 가르침으로 요약했습니다.

'오직'을 붙이는 이유는

로마서 3장 27절은 이렇게 말합니다.

> 그런즉 자랑할 데가 어디냐 있을 수가 없느니라 무슨 법으로냐 행위로냐 아니라 <u>오직</u> 믿음의 법으로니라.

여기에 나오는 "오직"이라는 단어는 의역 과정에서 추가된 표현입니다. 헬라어 성경과 영어 번역 성경에는 이 단어가 없으며 아마도 한글성경 번역자들이 덧붙인 것 같습니다. 다른 한글 번역 성경인 공동번역과 표준새번역에는 '오직'이란 표현이 없습니다.

이렇게 의역한 것은 한글성경이 처음은 아닙니다. 칭의 교리를 깨달았던 루터가 이미 그런 시도를 했습니다. 그는 믿음이 얼마나 중요한지를 잘 알았습니다. 믿음 외에 다른 방법이 없음을 잘 알았습니다. 그래서 독일어 성경을 번역할 때 "그러므로 사람이 의롭다 하심을 얻는 것은 율법의 행위에 있지 않고 믿음으로 되는 줄 우리가 인정하노라"(롬 3:28)는 말씀에 "오직"(독일어로 allein)이라는 단어를 덧붙였습니다.[15] 오늘날 우리가 사용하는 "오직 믿음"(Sola Fide)이라는 표현이 여기에서 나왔습니다.

루터의 의역 이야기를 들을 때 의아한 마음이 들 것입니다. 성경을 그렇게 번역해도 될까 하고 말입니다. 루터가 부사 하나를 덧붙인 것은 번역을 잘못한 것이 아니라 본문의 의미를 더 분명히 살린 것입니다. 성경이 분명 믿음 외에 다른 방법을 말하지 않았으니, "사람이 의롭다 하심을 얻는 것은 율법의 행위에 있지 않고 믿음으로 되는 줄"이라고 하든, "사람이 의롭다 하심을 얻는 것은 율법의 행위에 있지 않고 오직 믿음으로 되는 줄"이라고 하든, 내용을 손상시킨 것은 아닙니다.[16]

그리스도의 의가 나의 의로 전가되는 유일한 방법은 믿음입니다. 이 사실을 웨스트민스터 신앙고백서 제11장 2절이 분명히 가르칩니다.

제11장 칭의에 관하여

<u>2. 그러므로 믿음은 그리스도와 그분의 의를 받아 의지하게 하는 칭의의 유일한 수단이다.</u> 그러나 의롭다 칭함을 받은 사람에게 믿음만 있는 것이 아니라 항상 다른 모든 구원하는 은혜들을 수반하니, 그것은 죽은 믿음이 아니라 사랑으로 역사한다.

무엇을 믿어야 하는가?

그렇다면 우리는 무엇을 믿어 그리스도의 의를 전가받을 수 있을까요? 믿는 것에는 크게 세 가지가 포함되어야 합니다.

첫째, 내가 죄인이라는 사실을 믿어야 합니다. 내가 하나님 앞에서 얼마나 추한 죄인인지 깊이 깨달아야 합니다. 죄인이기에 내 존재 자체와 나의 행위를 통해서는 하나님 앞에서 의롭다 함을 얻을 수 없다는 사실을 믿어야 합니다.

둘째, 그리스도가 나의 의로움이 되신다는 사실을 믿어야 합니다. 예수 그리스도가 순종과 속죄를 통해 하나님의 의를 획득하셨다는 사실을 믿어야 합니다.

셋째, 그리스도의 의가 나의 의로움이 됨으로 내가 하나님 앞에서 의롭다 함을 받을 수 있다는 사실을 믿어야 합니다.

이 세 가지에 대해 알고 동의하고 신뢰하는 것입니다. 이 세 가지가 포함된 믿음을 "구원에 이르는 믿음"(Saving Faith) 혹은 "의롭게 하는 믿음"(Justifying Faith)이라고 합니다.

그리스도의 의를 나의 의로 전가받는 믿음에 이 세 가지가 포함되어야 한다는 사실은 웨스트민스터 대요리문답 제72문답에서도 잘 설명하고 있습니다.

72문: 의롭게 하는 믿음은 무엇입니까?

답: 의롭게 하는 믿음은 성령과 하나님의 말씀으로 죄인의 마음속에 역사하는 구원하는 은혜입니다. 이것으로 죄인은 자기의 죄와 비참을 확신하고, 자신의 상실된 상태에서 스스로 회복할 수 있는 능력이 자신과 다른 피조물들에게는 없다는 것을 확신하여, 복음에 약속된 진리에 동의할 뿐 아니라, 죄 용서를 받기 위해서, 그리고 구원을 위해 하나님께서 보시기에 의로운 자로 받아 주시고 간주하시기 위해서 복음에 제시된 그리스도와 그분의 의를 받아들이고 의지합니다.

믿음은 근거가 아니라 수단에 불과하다

간혹 "믿음으로"라는 말을 사람들은 오해합니다. 우리가 믿음 덕분에 의롭게 되었다는 오해입니다. 하지만 믿음 자체가 우리를 의롭게 하는 것이 아닙니다. 확실히 밝히자면, 믿음이 아니라 그리스도의 의가 우리를 의롭게 합니다. 믿음은 그리스도의 의가 우리에게 전가되도록 해주는 수단에 불과합니다.

얼핏 잘 이해가 안 될 수 있습니다. 쉽게 예를 들어 보겠습니다.

자동차 배터리가 방전된 경험이 있습니까? 어떻게 해결하죠? 다른 자동차를 불러와 두 자동차의 배터리를 연결합니다. 그러면 방전되지 않은 자동차의 배터리에 있는 전기가 방전된 자동차의 배터리로 옮겨 갑니다. 이때 선이 있어야 합니다. 흔히 '점프선'이라고 하죠. 선으로 두 자동차를 연결해 시동을 걸면 충전되어 있는 차의 전기가 충전되지 않은 차의 배터리로 옮겨 갑니다. 잠시 시간이 지나면 방전되었던 차의 시동이 걸립니다.

이때 자동차의 시동이 걸린 이유는 무엇입니까? 선 때문일까요? 아니면 전기 때문일까요? 전기 때문입니다. 선을 통해 배터리의 전기가 옮겨 왔기 때문입니다. 선은 도구에 불과합니다. 선으로 시동이 걸렸지만, 선 덕분에 시동이 걸린 것은 아닙니다. 다른 자동차에 있던 전기 덕분에 시동이 걸린 것입니다. 그렇다고 선이 없어도 되는 것은 아닙니다. 선이 있어야만 전기를 옮겨 올 수 있으니까요. 여기서 다른 자동차 배터리에 있던 전기가 그리스도의 의라면 선은 믿음입니다.

"오직 믿음으로 의롭다 함을 얻는다"는 말에서 "믿음으로"라는 말의 한글 표현은 자칫 오해를 하게 만듭니다. 믿음이 의롭다 함을 얻는 직접적인 원인이라고 오해하기 쉽습니다. 그러나 "믿음으로"라는 말은 영어로 표현하면 By Faith(믿음에 의해), 혹은 Through Faith(믿음을 통해)입니다. 믿음은 직접적인 원인이 아니라 도구입니다. 따라서 '믿음으로'라는 말을 '믿음 덕분에'라고 오해하지 말아야 합니다. 믿음은 칭의의 근거가 아닙니다. 칭의의 수단(도구)입니다. 믿음은 그 자체로 의롭다 함을 얻게 하지 않습니다. 그리스도의 의가 없다면 믿음도 헛됩니다.

믿음이 수단에 불과하다면 칭의의 근거는 무엇입니까? 하나님의 의가 되시는 그리스도의 의가 근거입니다. '믿음 덕분에 의롭게 되는 것'이 아니라 '그리스도 덕분에 의롭게 되는 것'입니다.

벨기에 신앙고백서 제22조, 하이델베르크 요리문답 제61

문답, 웨스트민스터 신앙고백서 제11장 1절, 웨스트민스터 대요리문답 제73문답도 이런 오해를 염려하여 다음과 같이 가르칩니다.

벨기에 신앙고백서

제22조 그리스도를 믿는 믿음을 통한 우리의 칭의

우리는 성령님이 우리로 하여금 이 위대한 신비에 대한 참된 지식을 얻게 하기 위해 우리 마음속에 참된 믿음을 일으켜 주셨음을 믿습니다. 이 믿음은 예수 그리스도를 그분의 모든 공로와 함께 받아들이고, 그분을 우리 자신의 소유로 만들고, 그분 외에 다른 어떤 것도 구하지 않는 것입니다. 왜냐하면 우리가 우리의 구원을 위해 필요로 하는 모든 것이 예수 그리스도 안에 없거나 아니면 모든 것이 그리스도 안에 있어서, <u>믿음을 통해(Through Faith)</u> 예수 그리스도를 소유한 사람은 완전한 구원을 가져야만 한다는 것이 반드시 따라와야 하기 때문입니다. 그러므로 그리스도만으로 충분하지 않고 그분 외에 다른 무엇이 필요하다고 주장하는 것은 엄청난 불경죄입니다. 그렇게 결론을 내리면 그리스도는 단지 반쪽짜리 구주에 불과할 것이기 때문입니다.

그러므로 우리는 바울과 함께 사람이 의롭다 하심을 얻는 것은 율법의 행위에 있지 않고 오직 믿음으로 된다고(롬 3:28) 분명하게 말합니다. 동시에 엄격히 말하자면 믿음 그 자체가 우리를 의롭게 해준다는 뜻은 아닙니다. 믿음은 우리가 그리스도를 우리의 의로 받아들이는 데 사용된 수단일 뿐이기 때문입니다. 즉 그리스도는 당신의 모든 공로로 당신이 우리를 위해 그리고 우리를 대신해 행하신 많은 거룩한 사역들을 우리에게 전가하셨습니다. 그러므로 예수 그리스도는 우리의 의이고, 믿음은 우리가 그분의 모든 혜택들 안에서 그분과 교제하게 하는 수단입니다. 이 혜택들이 우리의 것이 될 때, 그것들은 우리의 죄를 면해 주기에 충분하고도 남음이 있습니다.

하이델베르크 요리문답

61문: 당신은 왜 오직 믿음으로만 의롭게 된다고 말합니까?

답: 나의 믿음에 어떤 가치가 있어서 하나님께서 나를 받으실 만한 것은 아니며, 오직 그리스도의 만족케 하심과 의로움과 거룩함만이 하나님 앞에서 나의 의가 됩니다. 오직 믿음으로만 이 의를 받아들여 나의 것으로 삼을 수 있습니다.

웨스트민스터 신앙고백서

제11장 칭의에 관하여

1. 하나님께서 효력 있게 부르신 자들을 값없이 의롭다 칭하시니 그들 속에 의를 주입함으로써가 아니라 그들의 죄를 용서하시고 그들의 인격을 의로 간주하여 받아 주심으로써 하신다. 그들 안에서 이루어진 어떤 것이나 그들이 행한 어떤 것이 아니라 오직 그리스도로 인해 하셨다. 믿음 자체나 믿는 행위나 어떤 복음적인 순종을 그들의 의로 여겨 그들에게 전가함으로써가 아니라, 그리스도의 순종과 속죄를 그들에게 전가함으로써 하신다. 그들은 믿음으로 그리스도와 그분의 의를 받아 의지하며, 이 믿음은 그들에게서 난 것이 아니라 하나님의 선물이다.

웨스트민스터 대요리문답

73문: 믿음이 어떻게 죄인을 하나님 보시기에 의롭게 합니까?
답: 믿음이 죄인을 하나님 보시기에 의롭게 하는 것은 믿음에 항상 수반하는 다른 은혜들이나 믿음의 열매인 선행 때문이 아니며, 믿음의 은혜나 믿음에서 난 그 어떤 행위가 칭의를 위해 죄인에게 전가되기 때문도 아닙니다. 다만 그리스도와 그분의 의를 받아들이고 적용하는 수단이기 때문입니다.

아무리 강조해도 부족합니다. 하나님께서 우리를 의롭다 하시는 근거는 믿음이 아니라 그리스도입니다. 우리를 의롭다 하는 것은 우리의 믿음이 아니라 믿음이 붙잡고 있는 그리스도의 의입니다. 믿음을 통해 그리스도의 의가 우리의 것이 됨으로 의롭다 칭함을 받습니다. 우리의 초라한 믿음 덕분이 아니라 완전한 하나님의 의, 그리스도 덕분입니다. 그렇기에 '오직 믿음'(Sola Fide)은 '오직 그리스도'(Solus Christus)와 분리될 수 없습니다.

6. 행위는 필요 없는가?

이제 칭의에 대한 바른 이해의 마지막 지점까지 왔습니다. 우리의 노력과 행위가 아닌 오직 믿음으로, 그리스도의 의를 전가받아 의롭다고 칭함을 얻는다는 이해입니다.

그런데 이 말을 들은 사람 중에 이렇게 오해하는 분이 있을지 모르겠습니다.

"행위는 필요 없네."

"믿음으로 의롭게 되었으니까 이제는 아무렇게 살아도 되겠네."

"기독교가 믿음만 너무 강조하니까 사람들이 자기 마음대로 살지."

"믿음으로 구원받는다면 사람들이 나태해지거나 악하게

살게 되지 않을까?"

이런 생각은 믿음에 대한 오해 때문에 생깁니다. 의롭게 되는 것이 율법을 행한 덕분이 아니라고 했지, 행함이 없어도 좋다는 말은 아닙니다. 그런데도 사람들은 이런 오해를 합니다. 이것이 우리의 죄성입니다.

성경은 한 번도 행함이 불필요하다고 말한 적이 없습니다. 의롭다 함을 얻는 데 행함이 불필요한 것일 뿐이지 성화의 여정에는 행함이 필요합니다.

성경의 가르침이 너무나 선명한데도 성경이 기록된 당시의 사람들도 그런 오해를 했습니다. 믿음을 강조하면 행위를 등한시하게 되지 않겠느냐는 것이었습니다. 물론 루터도 오해를 받았습니다. 루터는 그의 깨달음과 가르침이 신자들로 하여금 방종한 삶을 살게 만든다며 당시 로마 가톨릭으로부터 율법폐지론자라는 비난을 듣습니다.[17]

행함 없는 믿음은 믿음이 아니다

성경은 이러한 오해를 염두에 두고 이렇게 말합니다.

행함이 없는 믿음은 그 자체가 죽은 것이라(약 2:17).

[20] 아아 허탄한 사람아 행함이 없는 믿음이 헛것인 줄을 알고자 하느냐 [21] 우리 조상 아브라함이 그 아들 이삭을 제단에 바칠 때에 행함으로 의롭다 하심을 받은 것이 아니냐 [22] 네가 보거니와 믿음이 그의 행함과 함께 일하고 행함으로 믿음이 온전하게 되었느니라 [23] 이에 성경에 이른 바 아브라함이 하나님을 믿으니 이것을 의로 여기셨다는 말씀이 이루어졌고 그는 하나님의 벗이라 칭함을 받았나니 [24] 이로 보건대 사람이 행함으로 의롭다 하심을 받고 믿음으로만은 아니니라 [25] 또 이와 같이 기생 라합이 사자들을 접대하여 다른 길로 나가게 할 때에 행함으로 의롭다 하심을 받은 것이 아니냐 [26] 영혼 없는 몸이 죽은 것 같이 행함이 없는 믿음은 죽은 것이니라(약 2:20-26).

사람들은 흔히 이 구절을 "믿음으로 의롭게 된다"는 말에 대립하는 말씀으로 이해합니다. 로마서에서는 믿음을 강조하면서 야고보서에서는 행함을 강조하니까, 성경이 모순이라고 비판하기도 합니다. 하지만 그렇지 않습니다. 야고보 사도는 지금 참된 믿음은 반드시 행함을 동반한다는 것을 가르치고 있습니다.

'오직'의 진정한 의미

'오직 믿음'은 '행함이 필요 없다'는 뜻이 아닙니다. 다만, 의롭다 칭함을 받는 데 있어 행위가 아무런 기여를 하지 못한다는 의미에서 '오직 믿음'입니다. '오직 믿음'이라는 말은 의롭다 칭함을 받을 수 있는 유일한 수단이 믿음이라는 것이지, 신자의 삶에서 믿음 외에 다른 것은 다 불필요하다는 뜻이 아닙니다.

그렇다면 행함은 무엇입니까? 행함은 칭의의 수단이 아니라 칭의의 결과물입니다. 우리가 착한 일을 하는 것은 그것이 구원의 근거가 되기 때문이 아니라 구원의 필연적인 결과이자 열매이기 때문입니다. 믿음은 반드시 행함을 수반하기 때문입니다. 그럼에도 행함은 공로가 될 수 없습니다. 행함은 믿음의 결과요 열매일 뿐입니다.

믿음 뒤에 반드시 따라오는 행함

진정으로 믿는 자는 행함을 무가치하게 여기지 않습니다. 오히려 행함을 더욱 중요하게 여깁니다. 참된 믿음은 선한 삶을 살게 만듭니다. 우리의 구원은 오직 믿음으로 말미암아 오직 은혜로 주어지는데, 그 믿음은 우리를 의롭다 칭하는 데서 끝나지 않고 우리에게 새로운 삶을 살게 해주는 근원이 됩니다.

사도 바울은 행함이 필요 없는 것이 아니라 오히려 믿음으로 말미암아 더욱 행하게 된다는 사실을 다음과 같이 설명합니다.

> 그런즉 우리가 믿음으로 말미암아 율법을 파기하느냐 그럴 수 없느니라 도리어 율법을 굳게 세우느니라(롬 3:31).

루터도 동일하게 생각했습니다. 루터는 믿음이 행위를 폐지하는 것이 아니라 오히려 선행의 열매를 가져온다고 보았습니다.[18] 믿음을 강조하면서도 행위를 배제한 것은 결코 아닙니다. 루터는 말년에 행한 창세기 강해에서 이렇게 말했습니다. "우리는 믿음이 절대로 그 자체로 혼자 있지 않고 사랑과 같은 다른 많은 은사들을 동반한다는 것을 잘 압니다."[19]

루터의 이러한 생각은 웨스트민스터 신앙고백서 제11장 2절에 그대로 반영되어 있습니다.

제11장 칭의에 관하여

2. 그러므로 믿음은 그리스도와 그분의 의를 받아 의지하게 하는 칭의의 유일한 수단이다. 그러나 <u>의롭다 칭함을 받은 사람에게 믿음만 있는 것이 아니라 항상 다른 모든 구원하는 은혜들을 수반하니, 그것은 죽은 믿음이 아니라 사랑으로 역사한다.</u>

우리를 구원하게 만드는 믿음은 항상 행위를 일으키는 믿음입니다. 즉 살아 역사하는 믿음이요 "사랑으로써 역사하는 믿음"입니다(갈 5:6).

믿음에는 반드시 열매가 있습니다. 참된 믿음은 빈 믿음(Empty Faith)이 아니라 살아 역사하는 믿음입니다. 참된 믿음은 성화와 선행으로 이어지게 되어 있습니다. 믿음은 의롭다 칭함을 받게 해줄 뿐만 아니라, 의롭다 칭함을 받은 사람들이 선행을 하게 만드는 씨앗이 됩니다. 믿음이라고 불리는 어떤 것이 있는데 그것에 행위가 수반되지 않는다면, 그것은 헛된 믿음 혹은 죽은 믿음이며 전혀 믿음이 아닙니다.

믿음과 행함의 관계를 잘 이해했던 루터는 이렇게 말했습니다. "선행이 선한 사람을 만드는 것이 아니라, 선한 사람이 선행을 하는 것이다. 악행이 악한 사람을 만드는 것이 아니라, 악한 사람이 악행을 하는 것이다."[20]

참된 믿음 뒤에는 반드시 행함이 따라오게 마련입니다. 이 사실을 하이델베르크 요리문답 제64문답과 벨기에 신앙고백서 제24조가 아주 잘 설명합니다.

하이델베르크 요리문답

64문: 이러한 가르침으로 말미암아 사람들이 무관심하고 사악하게 되지 않겠습니까?

답: 아닙니다. <u>참된 믿음으로 그리스도에게 접붙여진 사람들이 감사의 열매를 맺지 않는 것은 불가능합니다.</u>

벨기에 신앙고백서

제24조 우리의 성화와 선행

우리는 하나님의 말씀을 들음과 성령님의 역사하심으로 말미암아, 사람 안에 생기는 이 참된 믿음이 그 사람을 중생하게 하여 새 사람으로 만든다는 것을 믿습니다. <u>이 참된 믿음은 그 사람으로 하여금 새로운 삶을 살게 하며 그를 죄의 노예 됨에서 자유롭게 해줍니다. 그러므로 이 의롭게 하는 믿음이 그 사람으로 하여금 선하고 거룩한 삶을 사는 데 무관심하게 만든다는 것은 옳지 않습니다.</u> 오히려 의롭게 하는 믿음 없이는 그 누구도 하나님에 대한 사랑에서 나오는 것은 아무것도 할 수 없고, 다만 자기 사랑이나 정죄받는 것에 대한 두려움에서 어떤 일을 할 뿐입니다. 그러므로 거룩한 믿음이 사람 안에서 작용하지 않는 것은 있을 수 없는 일입니다. 우리가 헛된 믿음에 대해 말하지 않고 성경이 <u>사랑으로써 역사하는 믿음</u>(갈 5:6)이라 일컫는 것에 대해 말하기 때문입니다.

이 믿음은 하나님께서 당신의 말씀에서 명령하신 행위들을 자신에게 적용시키도록 사람을 권유하는 것입니다. 믿음의 선한 뿌리로부터 나온 이 행위들은 하나님께서 보시기에 선하고 받으실 만한 것입니다. 이 행위들은 모두 하나님의 은혜에 의해 거룩하게 되었기 때문입니다. <u>그럼에도 불구하고, 그 행위들은 우리의 칭의에 이바지하지 않습니다. 왜냐하면 심지어 우리가 어떤 선도 행하기 전에, 그리스도를 믿는 믿음을 통해 의롭게 되기 때문입니다.</u> 그렇지 않으면 나무 자체가 선하지 않고서 그 나무의 열매가 선할 수 없는 것 이상으로 그 행위들이 선한 것일 수 없습니다.

<u>그러므로 우리는 선을 행하지만, 공로로 삼기 위해 행하지 않습니다.</u> 우리가 무엇을 공로로 내세울 수 있겠습니까? 우리가 행하는 선행에 대해 하나님께서 우리에게 빚지고 있다기보다 차라리 우리가 하나님께 빚지고 있습니다. 우리 안에서 자기의 기쁘신 뜻을 위해 우리로 소원을 두고 행하게 하시는 분은 바

로 하나님이시기 때문입니다(빌 2:13). 다음과 같이 기록된 말씀에 유의합시다. "이와 같이 너희도 명령받은 것을 다 행한 후에 이르기를 우리는 무익한 종이라 우리의 하여야 할 일을 한 것뿐이라 할지니라"(눅 17:10). 동시에 우리는 하나님께서 선행을 보상하신다는 사실을 부정하지 않습니다. 그러나 하나님께서 당신의 선물들을 주시는 것은 당신의 은혜에 의한 것입니다. 또한 우리가 선을 행할지라도, 우리는 그 선행에 우리의 구원의 근거를 두지 않아야 합니다. 우리는 우리의 육체로 더럽혀지지 않고 마땅히 형벌을 받지 않는 단 하나의 행위도 할 수 없습니다. 설령 우리가 한 가지 선행을 보여 줄 수 있다 하더라도, 한 가지 죄에 대한 기억만으로도 하나님께서 그 선행을 거절하시기에 충분합니다. 따라서 우리 구주의 고난과 죽음의 공로에 의지하지 않는다면, 우리는 항상 의심에 가득 차서 어떤 확신도 갖지 못한 채 방황할 것이고, 우리의 가련한 양심은 끊임없이 괴로워할 것입니다.

믿음으로 의롭다 칭함을 받은 우리는 행함으로 의로워지려고 해서는 안 됩니다. 우리의 행함이 의롭다 함을 얻기 위한 공로가 될 수 없습니다. 이에 대해 사도 바울은 이렇게 말합니다.

내가 하나님의 은혜를 폐하지 아니하노니 만일 의롭게 되는 것이 율법으로 말미암으면 그리스도께서 헛되이 죽으셨느니라(갈 2:21).

반면 로마 가톨릭은 선행을 공로로 여겼습니다. 그들은 선행이 구원과 영광에 합당한 공로를 세운다고 믿습니다. 심지어 신자들은 자신의 구원에 필요한 공덕 그 이상을 행할 수 있으니 그것을 가리켜 잉여 공로(Surplus Merit)라고 하며 이것을 축적해서 다른 사람에게까지 혜택을 줄 수도 있다고 가르칩니다. 루터가 칭의를 깨닫기 전에 계단을 무릎으로 올라갔던 것도 그러한 가르침에 따른 것이었습니다.

하지만 우리는 그렇게 믿지 않습니다. 신자의 선행은 어떠한 공로도 될 수 없습니다. 신자의 행위는 언제나 불완전하고 죄로 얼룩져 있기 때문입니다. 신자가 하는 선행은 우리에게서 나온 것이 아니라 우리 안에 역사하는 믿음의 능력으로 말미암는 것이요, 우리 안에 계신 성령님으로부터 나오는 것이기 때문입니다.

착한 일에 힘쓰는 의롭게 된 자들

하나님의 은혜로 의롭다 함을 얻은 사람들은 결코 믿음만으로 만족하지 않습니다. 더욱더 착한 일에 힘쓰려 합니다.

하나님은 우리로 하여금 착한 일을 하게 하십니다. 우리에게 믿음을 주신 하나님께서 그 열매로 착한 일을 하게 하십니다. 그 능력을 따라 우리는 착한 행실을 실천합니다. 하나님의 율법을 실천합니다. 우리는 선행을 통해 의롭게 되지는 않았지만, 선행을 위해 의롭다 함을 얻었습니다.[21]

우리의 구원은 오직 믿음으로 말미암아 오직 은혜로 주어지는 것인데, 그 믿음은 우리를 의롭다 칭해 주는 것으로 끝나지 않고 한걸음 더 나아갑니다. 우리에게 새로운 삶을 살게 해주는 근원이 됩니다. 우리에게 구원을 주신 하나님께 감사하기에 우리는 착한 일을 합니다. 하나님께 영광을 돌리기 위해 착한 일을 합니다. 웨스트민스터 신앙고백서 제16장 2절은 믿는 자가 착한 일을 해야 하는 이유를 잘 설명합니다.

제16장 착한 일에 관하여

2. 하나님의 명령에 순종함으로 이루어지는 이 착한 일은 참되고 살아 있는 믿음의 열매와 증거다. 믿는 사람들은 이 착한 일

을 통해 자기들의 감사를 나타내고, 확신을 굳게 하고, 형제의 덕을 세우고, 복음의 고백을 돋보이게 하고, 대적들의 입을 막고, 하나님께 영광을 돌리니, 그들은 하나님께서 창조하신 바요 그리스도 예수 안에서 착한 일을 위해 지음받아, 거룩함의 열매를 맺어 마침내 영원한 생명을 얻게 하시려는 것이다.

하나님의 은혜로 의롭다 칭함을 받은 여러분! 이 세상에서 소금과 빛으로 살아가십시오. 빛의 자녀로 사십시오. 하나님의 사랑과 거룩하심을 온 세상에 몸으로 증거하십시오. 여러분의 믿음과 칭의를 행함으로 드러내십시오.

"나는 하나님 앞에서 의로울 수 있을까?"

이제 우리는 이 질문을 다른 의미로 사용해야 합니다. 정말로 궁금해서가 아니라 이 질문에 대한 답에 근거해 생각해야 합니다.

우리가 하나님 앞에서 의로울 수는 없습니다. 우리의 노력으로는 할 수 없습니다. 그래서 하나님께서 그 방법을 친히 마련해 주셨습니다. 얼마나 감사한 일입니까? 얼마나 큰 은혜입니까? 예수 그리스도의 의로우심으로 말미암아 우리를 의롭다 칭해 주신 하나님께 감사하며, 더 나아가 거룩하시고 공의로우시며 준엄하신 하나님 앞에서 두렵고 떨림으로 우리의 남은 구원을 이루어 갑시다. 이 일도 성령님께서 도우십니다. 우리 안에 거하시는 성령님께서 우리를 도우실 것입니다.

부록
로마 가톨릭(천주교)의 칭의론

우리가 흔히 천주교라고 부르는 로마 가톨릭은 칭의 교리를 어떻게 가르치는지 궁금하지 않습니까?

칭의가 아닌 의화

먼저 개념부터 다릅니다. 우리는 칭의(稱義)라고 부르지만, 로마 가톨릭은 의화(義化)라고 부릅니다. 칭의란 '의롭다고 칭한다'는 뜻이지만, 의화란 '의롭게 된다'는 뜻입니다. 칭의는 하나님이 주체이시며 그리스도의 의가 믿는 자에게 전가됨을 뜻합니다. 그러나 의화는 의가 사람 안에 주입(注入, Infusion)되고 내재하는 능력으로 점진적인 과정을 거쳐 진행됨을 뜻합니다.

중세 로마 가톨릭교회는 자신들이 유일한 공식 번역 성경으로 인정하는 라틴어 성경인 벌게잇역(Vulgate)에서 성경 원문의 헬라어 디카이오오(δικαιόω 롬 3:28)를 "의롭다고 선언하다"로 번역하지 않고 "의롭게 만들다"(justificare)로 잘못 번역했습니다. 이 단어에서 의화(義化)라는 말이 나왔습니다.

유스티피카레(justificare)라는 단어로 인해 그들은 하나님에 의해 단번에 이루어지는 선언적 행위가 아니라 인간 편에서 이루어지는 선한 행위와 성화의 노력에 의해 점진적으로 완성되어 가는 과정으로 칭의를 이해했습니다.

이러한 의화 교리는 칭의와 성화를 구분하지 않고 혼합시키며, 우리 구원의 근거를 예수 그리스도의 구속 사역에 두지 않고 인간의 공로에 둡니다.

성경은 분명 사람이 의롭게 된다고 말하지 않습니다. 의롭다 칭함을 받게 된다고 가르칩니다. 사람이 의롭게 되는 것이 아니라, 의롭지 않은데도 불구하고 의롭다고 여겨 주시는 것입니다. 다시 말해 성경은 의화가 아니라 칭의를 가르칩니다.

오직 믿음이 아닌 믿음과 행함과 세례

로마 가톨릭이 믿음을 부정하지는 않습니다. 그러나 '오직'을 부정합니다. 그들은 오직 믿음에 의해 의롭다 함을 받는다고 믿지 않습니다. 믿음에 더해 행위가 필요하다고 가르칩니다. 믿음으로만이 아니라 행위와 세례를 통해 의롭게 된다고 가르칩니다.

1545년에서 1563년까지, 로마 가톨릭은 루터의 칭의론을 정죄하기 위해 이탈리아 북부의 트렌트에서 회의를 개최했습니다. 유명한 트렌트 공의회(The Council of Trent)입니다. 이 회의에서 작성되어 공포된 교리는 오늘날까지도 로마 가톨릭의 공식 입장을 대변합니다. 그들은 이 회의에서 루터의 칭의론을 이단으로 정죄합니다. 1547년 1월 13일 여섯 번째 회기에서 "칭의에 대한 포고"를 발표했습니다. 그들의 입장을 16장에 걸쳐 설명하고 33개항의 법규를 통해 루터의 칭의론을 정죄합니다.

이때 작성된 교리에 의하면 "그리스도인들은 은혜로 말미암아 의롭다 함을 받는다. 그러나 인간의 자유 의지는 비록 죄로 인해 약화되기는 했지만 이 은혜와 협력할 수 있으며 반드시 협력해야 한다"고 말합니다.[22] 심지어 "만일 누구든지 사람이 그리스도의 의에 의해서만 의롭다 하심을 받는다고 말한다면 그는 저주를 받을지어다"라고 명시했습니다.[23]

이미 400년도 훨씬 전에 작성된 교리이니 '그들이 과거에는 그렇게 믿었지만 지금은 달라지지 않았을까?' 하는 생각이 들 수 있습니다. 하지만 그들의 확신이 바뀌었다는 증거는 찾아볼 수 없습니다. 1869년에서 1870년까지 제1차 바티칸 회의가 있었고 1962년에서 1965년까지 제2차 바티칸 회의가 있었지만, 이 회의에서는 칭의 교리를 다루지 않았습니다. 1992년에는 '가톨릭교회 교리서'(Catechism of the Catholic Church)라는 문서를 발간했습니다. 이 책은 트렌트 공의회 이후 400여 년 만에 처음으로 공식 출판된 로마 가톨릭의 교리서입니다. 하지만 그 내용에는 변화가 전혀 없습니다.

가톨릭교회 교리서의 1987조항에는 이렇게 기록되어 있습니다.

> 성령의 은총에는 우리를 의화하는 힘이 있다. 곧 성령의 은총은 우리의 죄를 씻어 주고, "예수 그리스도를 믿음으로써" 그리고 세례를 통해 "하나님과 올바른 관계"를 누리게 해준다.

1992조항에는 이렇게 기록되어 있습니다.

의화는 신앙의 성사인 세례로 주어진다. 의화는 당신 자비의 능력으로 우리를 내적으로 의롭게 하시는 하느님의 의로우심에 우리를 부합하게 한다.…

2020조항에는 이렇게 기록되어 있습니다.

우리는 세례를 통해 의롭게 된다.

1999년 10월 31일 로마 가톨릭은 루터교 세계연맹과 함께 독일 아우구스부르크의 성 안나 루터 교회당에서 '칭의 교리에 대한 공동 선언문'(Joint Declaration on the Doctrine of the Justification)을 발표했습니다. 제목만 보면 로마 가톨릭이 루터의 견해로 전향한 것처럼 보입니다. 그러나 내용을 들여다보면 루터가 이해한 칭의론에 일치하기보다는 전통적인 로마 가톨릭의 입장을 그대로 반영합니다.

행함은 칭의의 공로가 될 수 없습니다. 행함은 칭의의 결과물일 뿐입니다. 행함을 통해 의롭게 될 수 있다는 생각은 죄에 대한 무지에서 비롯합니다. 우리 안에 있는 죄가 얼마나 치명적인지를 알면 절대로 그렇게 생각할 수 없습니다.

전가가 아닌 주입

우리는 예수 그리스도의 의가 우리에게 전가된다고 믿습니다. 로마 가톨릭은 믿음과 행함을 통해 의가 우리에게 주입된다고 가르칩니다.

중세 로마 가톨릭교회는 토마스 아퀴나스의 영향을 받았고, 토마스는 아리스토텔레스의 윤리학에 영향을 받았습니다. 아리스토텔레스는 사람이 지혜, 용기, 절제, 정의, 우정 같은 덕목을 갖는 것은 그의 노력에 달려 있다고 봅니다. 사람이 의로워지려면 의로운 행동을 반복해서 의가 우리 마음에 습성이 되게 해야 한다고 주장합니다. 의의 습성이 정착되면 의를 행하는 것이 습관이 되고, 의로운 행동을 반복하다 보면 의인이 된다고 봅니다.[24] 그 영향을 받은 토마스는 사람은 은혜의 도움으로 의로운 행동을 하게 되고, 이 의는 다음 은혜를 받게 되는 전제 조건이 된다고 보았습니다. 토마스는 신부(사제)가 행하는 성례에 참예함으로써 은혜의 주입을 받게 되는데, 이 은혜는 그 안에 있는 의의 소질을 깨워 의로운 행동을 하게 만든다고 보았으며, 이런 과정이 반복되다 보면 우리 안에 의의 습성이 생겨나고, 우리는 의인이 되어 가며, 마지막 의인 판정은 이 땅에서 되지 않고 하늘나라에서 가능하다고 말합니다.²⁵ 이러한 가르침에 따라 의가 주입된다고 믿습니다.

우리는 로마 가톨릭의 견해를 따르지 않습니다. 로마 가톨릭은 주입된 의를 강조하지만, 개신교는 전가된 의를 강조합니다.

웨스트민스터 신앙고백서의 정리

웨스트민스터 신앙고백서는 로마 가톨릭의 견해와 우리의 견해를 "~가 아니라"는 표현을 사용해 잘 구분하여 분명히 설명합니다.

제11장 칭의에 관하여

1. 하나님께서 효력 있게 부르신 자들을 값없이 의롭다 칭하시니 그들 속에 의를 주입함으로써가 아니라 그들의 죄를 용서하시고 그들의 인격을 의로 간주하여 받아 주심으로써 하신다. 그들 안에서 이루어진 어떤 것이나 그들이 행한 어떤 것이 아니라 오직 그리스도로 인해 하셨다. 믿음 자체나 믿는 행위나 어떤 복음적인 순종을 그들의 의로 여겨 그들에게 전가함으로

써가 아니라, 그리스도의 순종과 속죄를 그들에게 전가함으로써 하신다. 그들은 믿음으로 그리스도와 그분의 의를 받아 의지하며, 이 믿음은 그들에게서 난 것이 아니라 하나님의 선물이다.

3. 그리스도는 자신의 순종과 죽으심으로 의롭다 함을 받는 모든 자들의 빚을 완전히 갚아 주셨고, 그들을 대신해 성부 하나님의 공의를 합당하고 참되며 완전하게 만족시키셨다. 성부께서는 그들을 위해 그리스도를 보내 주셨고, 그들 대신 그리스도의 순종과 속죄를 받아들이셨으니, 그들의 칭의는 그들 안에 있는 무엇 때문이 아니라 오직 값없는 은혜다. 이는 하나님의 엄정한 공의와 풍성한 은혜가 죄인들의 칭의 안에서 영광받으시기 위함이다.

닫는 글
그리스도를 믿음으로만 의로울 수 있는 나

"나는 하나님 앞에서 의로울 수 있을까?"

루터의 이 고민은 하나님 앞에서 사람이 의롭다 칭함을 받기 위해서는 예수 그리스도를 믿음으로 말미암아 그분의 의를 자신의 의로 전가받을 때 가능하다는 결론으로 이어졌습니다. 이것 말고 다른 방법은 없기 때문에 '오직 그리스도'(Solus Christus), '오직 믿음'(Sola Fide)입니다. 구원은 사람의 행위나 노력에서 비롯되는 것이 아니라 철저히 하나님의 선물입니다(엡 2:8-9). 사람의 공로는 전혀 없습니다. 값없이 주어집니다(롬 3:24). 그렇기에 '오직 은혜'(Sola Gratia)입니다(웨스트민스터 대요리문답 제71문답). 이 모든 가르침은 성경을 통해

알 수 있습니다. 그래서 '오직 성경'(Sola Scriptura)입니다.[26]

지금까지 이 책을 꼼꼼히 읽으신 분은 느꼈겠지만, 저는 철저히 성경을 인용했고, 성경의 가르침을 잘 정리해 놓은 신앙고백서와 요리문답을 통해 설명했습니다. 칭의란 성경을 통해 발견되며 성경이 분명하게 제시하고 있는 진리이기 때문입니다. 개신교 칭의론의 초석을 놓은 루터 역시 시편, 로마서, 갈라디아서, 창세기를 연구하고 강의하면서 이 진리를 깨달았습니다.[27]

오직 예수 그리스도를 믿는 믿음으로 말미암아 의롭다 칭함을 받는다는 이 교리는 후대에 칭의론(稱義論, Doctrine of Justification)이라는 형태로 더욱 굳어졌으며, 루터는 이 교리를 가리켜 "교회가 서기도 하고 넘어지기도 하는 교리"(Articulus Justificationis est Articulus Stantis et Cadentis Ecclesiae)라고 했습니다.[28] 그는 천지와 만물이 다 파괴되더라도, 이 교리에 관한 것은 단 하나도 포기되거나 타협될 수 없다고 했습니다.[29]

루터 이후의 수많은 목회자와 신학자들도 동일하게 칭의 교리를 강조했습니다.

장 칼뱅은 "칭의는 신앙을 떠받치는 주된 토대이다. 이것에 더 큰 관심과 주의를 기울여야 한다. 이 교리를 알지 못하면

구원의 기초를 세울 수 없고 하나님을 향한 경건의 기초도 세울 수 없다"고 했습니다.[30]

존 오웬은 "종교개혁의 역사에 첫 번째 도화선이 된 것은 칭의 교리이다. 이 교리는 기독교의 주요 요점이며 신앙을 떠받치는 주된 토대이다. 칭의 교리는 그리스도인의 행실을 지도하며, 그 어떤 교리보다 우리로 하여금 복음적 순종의 삶에 관심을 두게 한다"고 했습니다.[31]

너무나 중요하기에 기독교 역사상 위대한 인물들은 거의 빠짐없이 이 주제를 자신의 저술에서 다루었습니다. 루터는 물론이고 칼뱅, 윌리엄 에임스, 윌리엄 퍼킨스, 존 오웬, 조지 횟필드, 조나단 에드워즈, 찰스 스펄전, 찰스 핫지, 헤르만 바빙크, 루이스 벌코프, 존 머레이, R. C. 스프라울까지 대부분의 신학자와 목회자는 이 교리를 중요하게 여겼습니다.

마지막으로 정리해 보겠습니다.

하나님은 거룩하십니다. 사람은 그 누구도 거룩하지 못합니다. 원죄와 자범죄로 인해 우리의 본성이 얼룩져 있기 때문입니다. 우리의 노력과 열심을 통해서는 이 상태를 해결할 수 없습니다. 그래서 하나님은 우리를 의롭게 하기 위한 방법을 마련해 주셨습니다. 자신의 독생한 아들, 예수 그리스도를 이 땅에 보내어 완전한 순종과 십자가를 통한 속죄를 이루게 하시고 하나님의 의가 되게 해주셨습니다.

우리가 예수 그리스도를 믿을 때 하나님의 의가 되시는 예수님의 의가 우리에게 전가됩니다. 이로써 우리는 하나님 앞에서 의로울 수 있는 조건을 갖추게 됩니다. 우리는 의롭지 않지만 의롭다고 간주됩니다. 이러한 우리의 상태를 루터는 "죄인이면서 동시에 의인"(Simul Peccator et Iustus)이라고 표현했습니다.

오직 예수 그리스도를 믿음으로 의롭게 되었지만, 그렇다고 우리에게 행위가 불필요한 것은 결코 아닙니다. 오히려 우리는 의롭다 칭함을 받았기에 더더욱 열심히 살아야 합니다. 선을 행하고, 하나님과 이웃을 사랑하기에 힘써야 합니다.

이 책을 덮기 전에 생각해 볼 것이 있습니다. 이제 우리가 해야 할 것은 무엇일까요? 무엇보다 죄인이라는 사실을 깊이 깨닫는 일일 것입니다. 참된 은혜는 죄에 대한 바른 인식에서 시작되기 때문이죠. 자신이 죄인인지 모르는 사람은 의로워질 필요성을 느끼지 못합니다. 이 책에서 제일 먼저 사람의 죄인 됨을 지적하며 시작한 것도 바로 그런 이유입니다. 거룩하신 하나님 앞에서 우리는 죄인입니다. 너무나 비참한 죄인입니다. 하나님의 진노와 저주를 받아 마땅한 자입니다.

그러나 추악한 죄도 그리스도의 의로 해결할 수 있습니다. 예수 그리스도를 믿으십시오. 그분께서 우리의 의로움이 되기 위해 순종과 속죄를 이루셨음을 믿으십시오. 예수님을 믿기만 하면 그분의 의로움이 우리의 의로움이 될 수 있음을 믿으십시오.

감사하게도 우리의 죄는 그리스도 안에서 덮였습니다. 감추어졌습니다. 하나님 앞에서 발가벗겨져 있던 죄인은 그리스도를 옷 입음으로써 의롭다 함을 얻게 되었습니다(갈 3:27). 그 옷을 벗으면 더러운 모습이 그대로 남아 있지만, 옷을 입혀 주셨기에 우리는 의롭다 함을 얻었습니다.

> 그러므로 우리가 믿음으로 의롭다 하심을 받았으니 우리 주 예수 그리스도로 말미암아 하나님과 화평을 누리자(롬 5:1).

죄인이지만 의인 된 여러분, 이 상태에서 만족하지 말고 더욱 열심히 사십시오. 착한 일도 많이 하십시오. 하나님께 영광을 돌리기 위해 노력하십시오. 그러나 그것이 여러분을 의롭게 하는 것은 아니라는 점은 잊지 마십시오(갈 2:21). 죄 많은 사람이 하나님 앞에서 의로울 수 있는 방법은 우리에게 있지 않습니다. 그것은 하나님께서 보내 주신 독생자 아들 예수 그리스도를 믿음으로만 가능합니다.

    하나님은 거룩하십니다.
    하나님은 공의로우십니다.
    우리는 죄인입니다.
    하나님은 우리의 죄를 미워하십니다.
    하나님 앞에서 사람은 형벌을 피할 수 없습니다.
    사람은 하나님 앞에서 의로울 수 없습니다.
    죄는 우리를 지옥에 가게 만듭니다.
    율법을 지키고, 선행을 많이 해선 의로워질 수 없습니다.
    예수님은 의로우십니다.
    예수님을 믿으십시오.
    예수님을 믿으면 하나님께서 우리를 의롭다 인정해 주십니다. 그래서 우리는 지옥이 아니라 천국에 가게 됩니다.
    예수님을 통해 의롭다 칭함을 받은 여러분, 세상에서 소금과 빛으로 사십시오.
    선한 일을 열심히 하는 하나님의 백성이 되십시오.
    하나님과 이웃을 사랑하십시오.

    복음의 이야기는 아무리 들어도 지겹지 않습니다. 들으면

들을수록 새롭습니다. 오래된 새로움입니다. 언제나 은혜롭습니다.

이 이야기가 우리의 삶에 계속되기를 바랍니다. 완전한 의인으로 하나님 앞에 서게 될 그날까지. 이 모든 것에 사람이 하는 것은 전혀 없습니다. 그러므로 우리는 이렇게 외칩니다. 오직 하나님께 영광!(Soli Deo Gloria)

저자 후기

 이신칭의. 믿음으로 말미암아 의롭다 칭함을 얻는다는 교리. 어려서부터 많이 들었고, 철이 들어선 깊이 공부도 했습니다. 목사가 되기 전에도, 되고 나서도 수많은 신학책들을 통해 연구해 보았습니다. 때론 오히려 혼란스럽기도 했습니다. 그러나 지금은 그렇지 않습니다.

 칭의론을 주제로 글을 쓰기로 마음먹고는 저와 같은 혼란을 다른 사람들이 겪지 않기를 바랐습니다. 그래서 좋은씨앗 출판사가 기획한 〈단단한 기독교〉 시리즈의 목적에 부합하도록 쉽고 단순하고 명료하게 썼습니다. 그런데 지루하지 않게 설명하는 일에는 실패하지 않았나 하는 아쉬움이 있습니다.

 그럼에도 한 가지 목적만은 달성하려고 노력했습니다. 쉽고 단순함. 그 이유는 기독교의 핵심 교리는 간단하지만 지나치게 장황한 설명으로 인해 헷갈릴 때가 많기 때문입니다. 학자들의 다양한 주장과 설명으로 인해 간단한 교리가 도리어 복잡해지는 경우가 생기기도 합니다. 저도 이 주제를 다룬 많은 책들을 보다가 오히려 길을 잃은 적이 많습니다. 그런 경험을 여러분은 하지 않기를 바라며 저는 최대한 성경을 통해서만 칭의 교리를 다루고자 했습니다. 신앙고백서나 요리문답은 오직 성경의 가르침을 반복해 정리하는 목적으로만 제시했습니다. 그럼에도 불구하고 이 책을 읽고도 칭의 교리가 모호하게 느껴진다면 참으로 죄송할 따름입니다.

책을 마치면서 감사의 말씀을 전합니다. 이 책의 집필을 제안해 주신 좋은씨앗 출판사, 저의 목회지 한길교회 교우들, 사랑하는 양가 부모님, 하릴없이 서재에서 시간을 보내는 남편과 아버지를 너그러이 이해해 준 아내와 아들에게도 고마움을 전합니다.

끝으로, 죄 많은 저를 의롭다 칭해 주시기 위해 순종과 속죄를 이루신 그리스도께 영광을 돌립니다. 그분만이 제가 자랑하는 저의 의로움이십니다.

칭의론 관련 추천도서

이 책이 다루는 칭의 교리를 좀 더 깊이 있게 공부하기 원하는 분들은 아래에 소개된 책들을 읽어 보십시오.

벨기에 신앙고백서 제22-24조

하이델베르크 요리문답서 제60-65문답

웨스트민스터 신앙고백서 제11장

웨스트민스터 대요리문답서 제70-73문답

웨스트민스터 소요리문답서 제33문답

종교개혁자들은 성경 전체의 가르침을 잘 정리했는데, 특히 역사적인 이유 때문에 칭의론을 아주 잘 정리했습니다. 위에 언급한 개혁주의

고백서들은 성경의 직접적인 가르침에 기초하고 있으며, 거기에 루터와 칼뱅의 가르침을 더해 칭의론을 명확하게 설명하고 있습니다.

칼뱅 『기독교강요』 제3권 제11-18장

칼뱅의 『기독교강요』는 성경과 신학이 다루는 어떤 주제에 대해서든 가장 먼저 읽어 봐야 할 책입니다. 칭의 교리도 마찬가지입니다.

호라티우스 보나르 『영원한 의』

"기뻐 찬송하세"(찬송가 159장), "오 나의 주님 친히 뵈오니"(찬송가 228장)를 비롯해 여러 찬송가의 작사가로도 알려져 있는 호라티우스 보나르가 칭의를 주제로 설교한 책입니다. 칭의를 머리가 아니라 가슴으로 이해하고 싶다면 이 책을 읽으십시오.

제임스 뷰캐넌 『칭의 교리의 진수』

칭의를 종합적으로 정리한 책을 한 권만 고르라면 이 책을 꼽고 싶습니다. 칭의 교리에 관한 백미라고 할 수 있습니다. 분량은 많지만 두께만큼이나 묵직한 감동도 받을 수 있습니다.

루이스 벌코프 『벌코프 조직신학』

웨인 그루뎀 『조직신학』

헤르만 바빙크 『개혁교의학』

앤서니 후크마 『개혁주의 구원론』

존 머레이 『구속』의 '칭의' 부분

칭의는 구원론의 핵심 교리 중 하나입니다. 조직신학과 구원론을 다룬 책 중에서 칭의에 관한 부분은 무엇이든 읽어 보시면 도움이 됩니다.

토머스 슈라이너 『오직 믿음』

종교개혁 500주년을 맞아 기획된 다섯 솔라 시리즈 중 하나입니다. 종교개혁을 통해 강조된 다섯 가지 '오직'은 오직 믿음을 중심으로 칭의론을 강조하는데, 특별히 이 책은 칭의 교리를 역사적, 성경적, 신학적으로 살피고, 오늘날 이 교리가 어떻게 도전받고 있는지를 잘 정리해 놓았습니다. 깊이 있는 독서를 원하는 분들에게 일독을 권합니다.

노병기 『거룩한 칭의』

칭의에 관한 전반적인 주제를 다루는 책입니다. 특히 조지 휫필드, 조나단 에드워즈, 존 오웬 등과 같은 청교도 목회자들의 신학을 참고해 칭의론을 서술합니다. 역사상 존재했던 많은 이들의 칭의에 대한 이해를 함께 이해하는 데 도움이 됩니다.

김용주 『칭의, 루터에게 묻다』

칭의론은 성경이 말하고 있지만, 마르틴 루터를 통해 밝히 드러난 주제입니다. 루터를 전공한 김용주 목사를 통해 루터가 깨달은 칭의를 공부해 봅시다.

미주

● 여는 글

1. Martin Luther, *Werke: Kritische Gesamtausgabe. Weimarer Ausgabe*(이하 WA로 약칭함)(Weimar Weimar-Köln-Tübingen: Böhlau, 1883~) 10, 99; 54, 185; J. T. Bakker, *Coram Deo: Bijdrage tot het onderzoek naar de structuur van Luthers Theologie*(Kampen: Kok, 1956), 16.

2. *WA* 38, 142; 헤르만 J. 셀더하위스, 『루터: 루터를 말하다』, 신호섭 옮김(세움북스, 2016), 86.

3. 김용주, 『칭의, 루터에게 묻다』(좋은씨앗, 2017), 39-40.

4. *WA* 51, 89; 셀더하위스, 『루터: 루터를 말하다』, 106-108.

● 1장

5. 종교개혁자 장 칼뱅은 『기독교강요』(Institutes)의 제일 첫 부분에서 하나님과 나(자신)를 아는 지식의 중요성을 강조했다. 하나님과 나를 아는 지식은 서로 연결되어 있어 하나님을 아는 자가 나를 알고, 나를 아는 자가 하나님을 안다고 했다.

6. Charles Hodge, *Systematic Theology*, vol. 1(1871; Grand Rapids: Hendrickson, 2003), 367. (『조직신학 1』 크리스천다이제스트)

7. 유해무, 『개혁교의학』(크리스천다이제스트, 1997), 226-232.

8. 개혁파 신앙고백들은 한결같이 "믿음으로 의롭게 된다"는 사실을 말하기에 앞서 죄의 심각성을 먼저 고백한다. 이것이 전제되지 않으면 믿음으로 말미암는 구원을 말할 수 없기 때문이다. 유해무, "믿음에 대한 개혁 신조들의 고백," 『오직 믿음으로: 루터의 믿음과 신학』(성약, 2011), 84.

● 2장

9. 갈라디아서 2:16이 말하는 "율법의 행위"에 대해 20세기에 들어서 다른 주장이 나타났다. '바울에 대한 새관점 학파'(New Perspective on Paul: NPP)라고 불리는 E. P. 샌더스(Ed Parish Sanders), 제임스 던(James D. G. Dunn), N. T. 라이트(Nicholas Thomas Wright) 등의 주장이다. 그들은 바울이 말한 '율법의 행위'가 할례, 음식법, 절기 등과 같은 유대인의 의식을 가리킨다고 본다. 유대인은 이러한 의식

을 통해 자신의 우월함을 드러냈으며, 바울이 그것을 비판한다고 본다. 이들의 주장에 의하면 유대인은 율법으로 말미암아 의롭게 되려고 한 것이 아니며, 바울도 율법을 통해 의롭다 함을 얻는 것을 비판한 것이 아니다.

그러나 그들의 입장과 달리 전통적인 입장에 따르면 바울은 '율법의 행위'라는 표현과 '율법'이라는 표현을 동일시했으며(갈 2:16, 19, 21; 5:4), 율법의 행위란 율법을 지켜 행함으로 의롭다 함을 받으려는 모든 노력이다. 칼뱅 주석 갈라디아서 2:15 부분; 황원하, 『갈라디아서 주해』(교회와성경, 2014), p. 93, n.62; 토머스 R. 슈라이너, 『오직 믿음』, 박문재 옮김(부흥과개혁사, 2017), 439-444; 토머스 R. 슈라이너, 『강해로 푸는 갈라디아서』, 김석근 옮김(디모데, 2017), 164-168.

● 3장

10. NIV는 로마서 3:22을 "하나님께로부터 나온 의"(a righteousness from God)라고 번역한다. 빌립보서 3:9의 "하나님께로부터 난 의"(the righteousness that comes from God)와 같다.

11. 손재익, 『십계명, 언약의 10가지 말씀』(디다스코, 2016), 405.

12. WA 40 II, 352ff. 이 개념은 필립 멜란히톤에 의해 심화되어 '법정적 칭의' 개념으로 이어졌다. Alister E. McGrath, *Reformation Thought: An Introduction*, 2d ed.(Oxford: Blackwell Publishers, 1994), 108. (『종교개혁사상』 기독교문서선교회)

13. 김용주, 『칭의, 루터에게 묻다』, 57-58.

- 4장

14. *WA* 5, 253; 608, 7; 전가에 대해 "달콤한 교환"(Sweet Exchange)이라는 표현이 2세기 중반 「디오그네투스에게 보낸 서신」에 처음 나타난다. John Owen, *The Doctrine of Justification by Faith*, in *The Works of John Owen*, vol 5, edited by William H. Goold(Edinburgh: The Banner of Truth, 1998 reprinting), 36; 슈라이너, 『오직 믿음』, 42-43.

- 5장

15. Thomas R. Schreiner, *Romans*, BECNT(Grand Rapids: Baker, 1998), p. 203, n. 5. (『BECNT 로마서』 부흥과개혁사)

16. 칼뱅도 루터의 의역을 변호한다. 『기독교강요』, 제3권 11장 19절.

- 6장

17. 김용주, 『칭의, 루터에게 묻다』, 78. 당시 그러한 비판이 있었다는 것은 칼뱅의 『기독교강요』를 통해서도 알 수 있다. 『기독교강요』, 제3권 16장 1절.

18. 김용주, 『칭의, 루터에게 묻다』, 78; 유해무, "오직 믿음으로 - 루터가 이해한 '믿음'," 『오직 믿음으로: 루터의 믿음과 신학』(성약, 2011), 71-76.

19. *WA* 42, 566; 김용주, 『칭의, 루터에게 묻다』, 144.

20. *WA* 2, 288; 김용주, 『칭의, 루터에게 묻다』, 99.

21. 헤르만 바빙크, 『개혁교의학 4』 52장 [469].

● 부록

22. Trent, VI, ch. 1, 5.

23. Session VI, Canon X, XI.

24. 아리스토텔레스, 『니코마코스 윤리학』(*Ethica Nicomachea*), 제2권 1, 2, 4장.

25. Thomas Aquinas, *Summa Theologiae*, I-II, Q. 110, Art. 2; 김용주, 『칭의, 루터에게 묻다』, 56-57.

● 닫는 글

26. 오직 성경, 오직 믿음, 오직 은혜, 오직 그리스도, 오직 하나님께 영광으로 표현되는 다섯 가지 오직(Five Solae)이라는 구호가 언제부터 정립되었는지 정확하게 알 수는 없으나 아마도 20세기에 들어서인 것으로 보인다.

27. 마르틴 루터는 시편 강의(1513-1515년)에서 칭의에 대한 이해를 시작했고, 로마서 강의(1515-1516년), 갈라디아서 강의(1516-1517년, 1531-1535년), 창세기 강의(1535-1545년)를 통해 칭의론을 완전히 정립했다.

28. *WA* 40/III, 335, 352; 39/I, 205.

29. *WA*, 50, 199.

30. 장 칼뱅,『기독교강요』, 제3권 11장 1절.

31. John Owen, *The Doctrine of Justification*, Vol 5, ed. W. H. Goold(Johnston and Hunter, 1850-1853; reprint. Edinburgh: The Banner of Truth Trust, 1965), 10, 65.